미래와 통하는 책

동양북스 외국어 베스트 도서

700만 독자의 선택!

새로운 도서,
다양한 자료
동양북스
홈페이지에서
만나보세요!

www.dongyangbooks.com
m.dongyangbooks.com

※ 학습자료 및 MP3 제공 여부는 도서마다 상이하므로 확인 후 이용 바랍니다.

홈페이지 도서 자료실에서 학습자료 및 MP3 무료 다운로드

PC

❶ 홈페이지 접속 후 도서 자료실 클릭
❷ 하단 검색 창에 검색어 입력
❸ MP3, 정답과 해설, 부가자료 등 첨부파일 다운로드
* 원하는 자료가 없는 경우 '요청하기' 클릭!

MOBILE

* 반드시 '인터넷, Safari, Chrome' App을 이용하여 홈페이지에 접속해주세요. (네이버, 다음 App 이용 시 첨부파일의 확장자명이 변경되어 저장되는 오류가 발생할 수 있습니다.)

❶ 홈페이지 접속 후 ☰ 터치

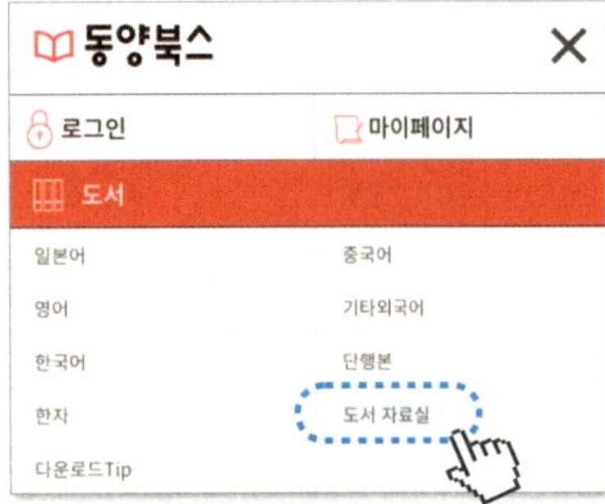

❷ 도서 자료실 터치

❸ 하단 검색창에 검색어 입력
❹ MP3, 정답과 해설, 부가자료 등 첨부파일 다운로드
* 압축 해제 방법은 '다운로드 Tip' 참고

동양북스

초판 17쇄 | 2023년 4월 20일

지은이 | 편집부
발행인 | 김태웅
편집주간 | 박지호
편 집 | 김상현, 김수연
디자인 | 남은혜, 김지혜
마케팅 | 나재승
제 작 | 현대순

발행처 | (주)동양북스
등 록 | 제 2014-000055호
주 소 | 서울시 마포구 동교로22길 14(04030)
구입 문의 | 전화 (02)337-1737 팩스 02)334-6624
내용 문의 | 전화 (02)337-1762 dybooks2@gmail.com

ISBN 978-89-8300-625-7 13720

© 편집부, 2008

▶ 본 책은 저작권법에 의해 보호를 받는 저작물이므로 무단 전재와 복제를 금합니다.
▶ 잘못된 책은 구입처에서 교환해 드립니다.

이 책은 이렇게 만들었어요

어른들도 어려워하는 중국어, 어른과 같은 방법으로 아이들이 배울 수 있을까요?

이번 주니어 붐붐의 개정판은 '기본 표현과 확장 표현 학습'이라는 큰 틀을 유지하면서 아이들 눈높이에 맞는 시각적 · 청각적인 업그레이드를 통해 중국어를 더욱 신나고 재미있게 학습하는 데 주안점을 두었습니다.

처음 배우는 아이들의 적정 학습 분량과 교과 진도를 생각해서 12과로 다시 엮은 중국어 주니어 붐붐의 네 가지 특징은 다음과 같습니다.

첫째, 발음편을 만화 형식으로 꾸몄습니다. 기존의 딱딱하고 어렵게만 느껴지던 중국어 발음과 성조를 코믹한 만화 형식으로 구성하고 간략한 설명을 덧붙였습니다.
둘째, 주제별로 다양한 표현을 수록하였습니다. 1권에서는 '중국어로 인사하기'라는 주제로 중요한 인사말은 물론 회화에 꼭 필요한 핵심 단어와 기초 표현을 익힙니다. 2권에서는 '중국어로 말하기'라는 주제로 일상 생활에 자주 사용되는 다양한 표현을 배울 수 있습니다.
셋째, 리듬에 맞춰 노래하듯 배우는 챈트 학습 방식을 도입하였습니다. 중국어 기초를 탄탄하게 다지고 중국어 어감을 확실히 익히기 위해서는 기본 문장을 반복해서 훈련하는 것이 가장 중요합니다. 본문 학습에 들어가기 전에 기본 문장을 배우고, 기본 문장을 활용한 응용 문장을 신나는 챈트 리듬에 맞추어 재미있게 반복 · 암기할 수 있도록 구성하였습니다.
넷째, 본문 학습 후 체계적으로 확인하고 평가할 수 있습니다. 연습문제에서 듣기, 말하기, 쓰기의 네 영역을 골고루 훈련할 수 있으며, 미로 찾기 · 주사위 던지기 · 연필 쓰러뜨리기의 다양한 게임을 통해 본문에서 학습한 내용을 확인할 수 있도록 구성했습니다.

새로 단장한 〈버전업! 중국어 주니어 붐붐〉을 통해 많은 중국어 학습자들이 중국어의 재미에 푹 빠지게 되길 기대합니다.

C o n t e n t s

차례

이 책의 구성과 특징 6

한눈에 보는 과별 학습 내용 8

중국어의 발음 12

Lesson 01

你好! 안녕! 32

Lesson 02

你好吗? 잘 지내니? 42

Lesson 03

你叫什么名字? 이름이 뭐니? 52

Lesson 04

你多大? 몇 살이니? 62

Lesson 05

你忙不忙? 너 바쁘니? 72

Lesson 06

你是学生吗? 너는 학생이니? 82

Lesson 07

她是谁? 쟤는 누구야? 92

Lesson 08

这是什么? 이건 뭐야? 102

Lesson 09

你是哪国人? 어느 나라 사람이니? 112

Lesson 10

你有没有弟弟? 너 남동생 있니? 122

Lesson 11

你看什么? 너 무엇을 보니? 132

Lesson 12

你喜欢什么? 넌 무엇을 좋아하니? 142

정답과 녹음 · 해석 152

단어 색인 163

발음 카드 169

이 책의 구성과 특징

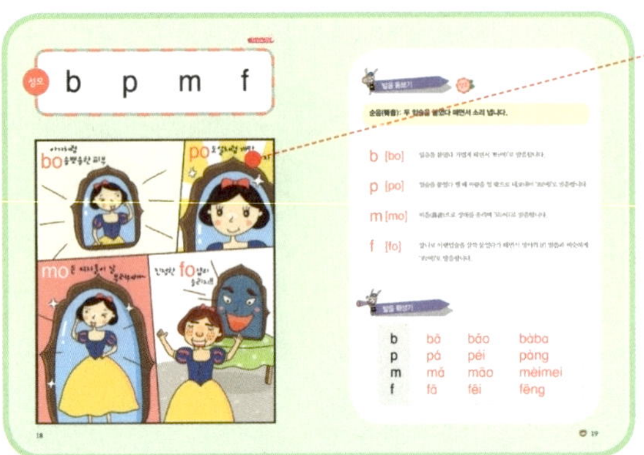

발음

만화를 통해 성조와 발음을 배웁니다. 만화 속 대사를 읽으면서 중국어 발음을 자연스럽게 떠올리고 재미있게 익힐 수 있습니다.

이번 과에서는요

각 과의 주제와 관련된 핵심 대화를 그림과 함께 보여 줍니다. 본격적인 본문 학습에 들어가기 전에 공부할 내용을 미리 엿볼 수 있습니다.

외워 보자!

주요 문장을 챈트로 배웁니다. 재미있는 리듬에 맞춰서 반복하면 문장을 노래처럼 통째로 익힐 수 있습니다.

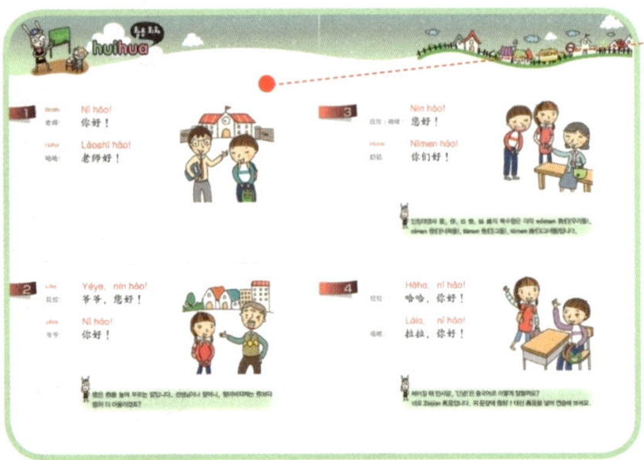

활용 회화

주제에 대한 4가지 상황을 각각의 그림을 보면서 연습합니다. 기본 패턴에서 조금씩 확장되는 짧은 대화를 통해 다양한 문장을 쉽게 익힐 수 있습니다.

들어 보자!

녹음을 듣고 선 긋기와 O, X 문제를 풀어 보며 쉽고 재미있게 듣기 실력을 높일 수 있습니다.

말해 보자!

본문을 패러디한 판다의 4가지 상황을 통해 앞에서 배운 본문을 자연스레 복습할 수 있습니다. 또 한글 해석을 보면서 중국어를 떠올리며 말할 수 있습니다.

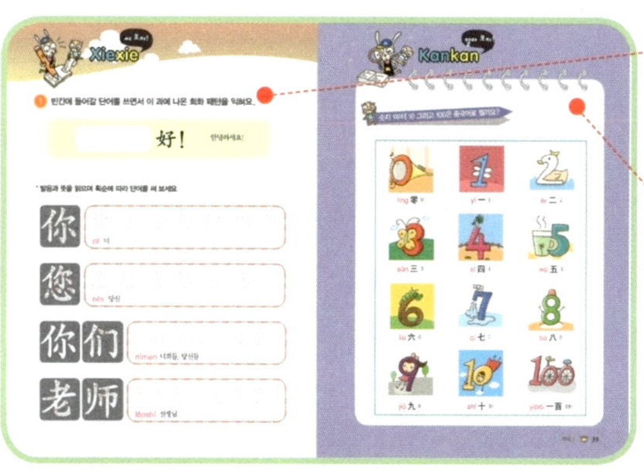

써 보자!

본문에 나온 한자를 정확한 획순에 따라 직접 써 봅니다. 발음과 뜻을 함께 익히면서 앞에서 배운 단어와 문장까지 복습할 수 있습니다.

알아 보자!

본문과 연관된 주제의 단어들을 그림과 함께 보여 주므로, 재미와 함께 단어의 활용 범위를 넓힐 수 있습니다.

놀아 보자!

미로 찾기, 주사위 던지기, 연필 쓰러뜨리기의 다양한 게임을 통해 재미있게 중국어를 배울 수 있습니다.

한눈에 보는 과별 학습 내용

발음	만화 속 대사에서 중국어 발음 추론하기		성조(4성, 경성) → 기본 운모 a o e i u ü(단운모, 복운모 연습) → 성모(순음, 설첨음, 설근음, 설면음, 설치음, 권설음)	
주제	핵심 대화	학습 목표	본문 단어	그림 단어
1과 만남	A 你好！ B 你好！	인사하기, 숫자 익히기	你 nǐ 너 好 hǎo 좋다, 안녕하다 您 nín 당신 你们 nǐmen 너희들, 당신들 老师 lǎoshī 선생님 爷爷 yéye 할아버지 奶奶 nǎinai 할머니 哈哈 Hāha 하하(인명) 拉拉 Lāla 라라(인명)	숫자 – 0 ~10, 100
2과 안부	A 你好吗? B 我很好。	안부 묻기, 인칭대명사 익히기	吗 ma ~입니까? 我 wǒ 나, 저 很 hěn 아주, 매우 非常 fēicháng 대단히, 심히 不 bù ~하지 않다 不太 bú tài 그다지 ~하지 않다 谢谢 xièxie 감사합니다, 고맙습니다 生病 shēngbìng 병이 나다 了 le 완료를 나타내는 어기조사	인칭대명사 – 나, 너, 우리, 너희, 그, 그녀, 그들(남자), 그들(혼성), 그녀들, 그것(사물, 동물), 그것들
3과 이름	A 你叫什么? B 我叫哈哈。	이름 묻고 답하기	叫 jiào (이름을) ~라고 부르다 什么 shénme 무엇, 무슨 名字 míngzi 이름 姓 xìng 성씨 认识 rènshi 알다, 인식하다 高兴 gāoxìng 기쁘다, 즐겁다 王 Wáng 왕(성씨) 呢 ne ~는, ~은 金 Jīn 김(성씨) 贵姓 guìxìng (경어) 성씨 张 Zhāng 장(성씨)	여러 가지 이름
4과 나이	A 你多大? B 我十二岁。	나이, 학년, 띠 묻고 답하기	多大 duōdà (나이가) 얼마인가 十二 shí'èr 열둘, 12 岁 suì 세, 살 几 jǐ 몇 小朋友 xiǎo péngyou 꼬마, 어린아이 四 sì 넷, 4 年级 niánjí 학년 五 wǔ 다섯, 5 属 shǔ 띠 牛 niú 소	12가지 띠 – 쥐, 소, 호랑이, 토끼, 용, 뱀, 말, 양, 원숭이, 닭, 개, 돼지
5과 근황	A 你忙不忙? B 我不忙。	형용사로 자신의 상황 표현하기, 정반의문문 익히기	忙 máng 바쁘다 累 lèi 피곤하다 饿 è 배고프다 渴 kě 목마르다 也 yě ~도, 역시	상황을 나타내는 형용사 – 배고프다, 피곤하다, 바쁘다, 목마르다, 어렵다, 무섭다, 덥다, 춥다, 아프다
6과 직업	A 你是学生吗? B 我是学生。	직업 묻고 답하기	是 shì ~이다 学生 xuésheng 학생 警察 jǐngchá 경찰 大夫 dàifu 의사 他 tā 그 사람(남자를 가리킴) 爸爸 bàba 아빠 做 zuò ~을 하다 工作 gōngzuò 일, 직업	다양한 직업 – 경찰, 의사, 변호사, 작가, 화가, 요리사, 디자이너, 연예인

▶ 선생님을 위한 한 학기 수업 계획안 샘플을 동양문고 홈페이지(www.dongyangbooks.com) 자료실에 올려 놓았습니다. 필요하신 분은 다운받아 사용하세요.

주제	핵심 대화	학습 목표	본문 단어	그림 단어
7과 질문 (사람)	A 她是谁? B 她是拉拉。	나와의 관계 말하기, 的의 쓰임 익히기	她 tā 그 사람(여자를 가리킴) 谁 shéi 누구 的 de ~의 同学 tóngxué 급우 朋友 péngyou 친구 来 lái 오다 了 le 완료를 나타내는 어기조사 妹妹 mèimei 여동생	가족 – 할아버지, 할머니, 아빠, 엄마, 형, 언니, 나, 남동생, 여동생
8과 질문 (사물)	A 这是什么? B 这是书。	사물의 이름 묻고 답하기, 这 / 那의 쓰임 익히기	这 zhè 이, 저것 那 nà 저, 저것 书 shū 책 词典 cídiǎn 사전 铅笔 qiānbǐ 연필 电脑 diànnǎo 컴퓨터 汉语 Hànyǔ 중국어	내 주변의 사물(학용품) – 책, 지우개, 연필, 볼펜, 가방, 노트, 시계, 사전, 자
9과 국적	A 你是哪国人? B 我是韩国人。	나라 이름과 국적 묻고 답하기	哪 nǎ 어디 国 guó 나라 人 rén 사람 韩国 Hánguó 한국 中国 Zhōngguó 중국 美国 Měiguó 미국 日本 Rìběn 일본 从 cóng ~로부터 华盛顿 Huáshèngdùn 워싱턴(지명) 国籍 guójí 국적	세계 여러 나라 – 한국, 일본, 중국, 미국, 프랑스, 독일, 영국, 인도, 아프리카
10과 소유	A 你有没有弟弟? B 我有一个弟弟。	有를 사용해서 가족 관계, 식구 수, 사물의 소유 여부 묻고 답하기	有 yǒu 있다 没有 méiyǒu 없다 弟弟 dìdi 남동생 个 ge 개(물건을 셀 때 쓰는 양사) 哥哥 gēge 형, 오빠 男朋友 nán péngyou 남자 친구 手机 shǒujī 휴대폰 家 jiā 가정, 집 口 kǒu 식구(가족을 셀 때 쓰는 양사) 都 dōu 모두 妈妈 māma 엄마 姐姐 jiějie 언니, 누나 和 hé ~과(와) 还 hái 아직 给 gěi ~에게 介绍 jièshào 소개하다 昨天 zuótiān 어제 丢 diū 잃어버리다	우리 집 사물(생활용품) – 카메라, 휴대폰, 자전거, 게임기, 피아노, 인형, 텔레비전, 전화, 컴퓨터
11과 동작	A 你看什么? B 我看电视。	동작을 표현하며 중국어의 어순 익히기	看 kàn 보다 电视 diànshì 텔레비전 听 tīng 듣다 音乐 yīnyuè 음악 吃 chī 먹다 一起 yìqǐ 함께 吧 ba 권유를 나타내는 어기조사 饺子 jiǎozi 교자만두 喝 hē 마시다 茶 chá 차 尝 cháng 맛보다 请 qǐng 어떤 일을 부탁하거나 권할 때 쓰는 경어	여러 가지 간식 – 햄버거, 피자, 치킨, 우유, 아이스크림, 콜라, 오렌지 주스, 초콜릿, 케이크
12과 기호	A 你喜欢什么? B 我喜欢做运动。	喜欢을 사용해서 좋아하는 것들 묻고 답하기	喜欢 xǐhuan 좋아하다 运动 yùndòng 운동 夏天 xiàtiān 여름 巧克力 qiǎokèlì 초콜릿 水果 shuǐguǒ 과일 季节 jìjié 계절 太 tài 아주, 매우 甜 tián 달다 健身 jiànshēn 헬스 跑步 pǎobù 달리기 游泳 yóuyǒng 수영 苹果 píngguǒ 사과	내가 좋아하는 운동 – 스키, 농구, 달리기, 스케이트, 수영, 야구, 테니스, 축구, 권투

중국어 수업 시간에는 중국어로 말해요

여러분 안녕하세요!
Dàjiā hǎo! 大家好!

차렷!
Lìzhèng! 立正!

수업 시작합니다!
Kāishǐ shàng kè! 开始上课!

경례.
Jìnglǐ. 敬礼。

따라 읽으세요.
Qǐng gēn wǒ dú. 请跟我读。

선생님, 안녕하세요!
Lǎoshī hǎo! 老师好!

잘했어요!
Bú cuò! 不错!。

고맙습니다, 선생님!
Xièxie! Lǎoshī. 谢谢! 老师。

오늘은 여기까지 공부해요.
Jīntiān xuédao zhèr.
今天学到这儿。

모르겠어요.
Bù zhīdào. 不知道。

수업 끝!
Xià kè! 下课!

못 알아듣겠어요.
Tīngbudǒng. 听不懂。

남자 둘! 여자 둘! 주인공 소개

하하

예의 바르고, 착한 하하는 젠틀맨! 라라와 단짝이랍니다.

哈哈 Hāha

라라

상냥하고, 명랑한 라라는 새 친구 사귀는 걸 좋아해요.

拉拉 Lāla

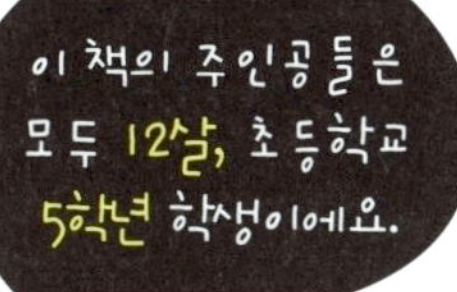

미미

단발 머리의 귀여운 미미는 하하와 라라를 새로 사귀게 돼요.

美美 Měimei

동동

운동을 아주 좋아하는 동동은 만능스포츠맨! 미미와 제일 친해요.

东东 Dōngdong

중국어 발음은
이렇게 표기해요
성조
Nǐ hǎo!
운모
성모
안녕하세요!

중국어의
발음

Track-01

성조 ā á ǎ à

발음 돋보기

중국어의 성조는 각 음절 위에 표시되어 음의 높낮이를 나타냅니다.
성조에는 1성, 2성, 3성, 4성의 4가지 성조가 있는데 같은 음절이라도 성조가 다르면 의미도 달라지기 때문에 중국어의 발음에 있어서 아주 중요한 요소랍니다.

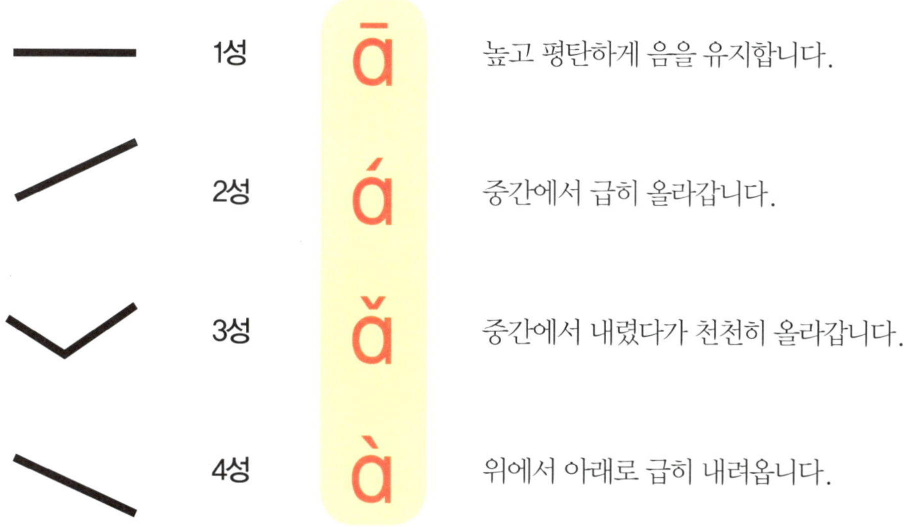

★ **경성** 가볍고 짧게 발음해요. 항상 다른 성조 뒤에 오며 따로 성조를 표기하지 않습니다.

발음 확성기

1성	ā	mā	ō	mō
2성	á	má	ó	mó
3성	ǎ	mǎ	ǒ	mǒ
4성	à	mà	ò	mò

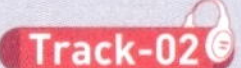

a o e i u ü

a, 이게 누구예요!

o랜만이네요.

e서 들어오세요.

i리 앉으세요.

u선 물이라도 드릴까요?

ü선자 같으니라고!! 내 돈이나 내놔!

a	입을 벌리고 '아' 하고 발음합니다.
o	입을 동그랗게 하고 '오' 하고 발음합니다.
e	입을 반쯤 벌리고 '으'와 '어'의 중간 정도로 발음합니다.
i	입을 반쯤 벌리고 '이' 하고 발음합니다.
u	입을 작고 둥글게 만들어 '우' 하고 발음합니다.
ü	'우' 발음을 할 때처럼 입술을 오므린 채로 '위' 하고 발음합니다.

발음 확성기

a, o, e, i, u, ü와 같이 하나의 소리로 이루어진 기본 운모를 '단운모'라 하고, 단운모 뒤에 또 다른 발음이 더 추가된 것을 '복운모'라고 합니다.

단운모	복운모							
a	ai	ao	an	ang				
o	ou	ong						
e	ei	en	eng					
i	ia	iao	ie	iu	ian	in	iang	ing	iong
u	ua	uo	uai	ui	uan	un	uang	ueng
ü	üe	ün	üan					

성모 b p m f

아기처럼
bo송뽀송한 피부

po도알처럼 까만
눈동자

mo든 여자들이 날
부러워해~

진정한 fo샵의
승리지!!

순음(脣音): 두 입술을 붙였다 떼면서 소리 냅니다.

b [bo] 입술을 붙였다 가볍게 떼면서 '뽀(어)'로 발음합니다.

p [po] 입술을 붙였다 뗄 때 바람을 입 밖으로 내보내며 '포(어)'로 발음합니다.

m [mo] 비음(鼻音)으로 성대를 울리며 '모(어)'로 발음합니다.

f [fo] 앞니로 아랫입술을 살짝 물었다가 떼면서 영어의 [f] 발음과 비슷하게 '포(어)'로 발음합니다.

b	bā	bǎo	bàba
p	pá	péi	pàng
m	mǎ	māo	mèimei
f	fā	fēi	fēng

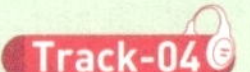

성모 d t n l

이제 de나야 할 시간이에요.

앗, 드레스 옆구리가 te졌소.

ne무해···

뱃살 빼라고 그렇게 일le줬건만 말 안 듣더니···

설첨음(舌尖音): 혀끝을 윗니의 안쪽 잇몸에 살짝 댔다 떼면서 소리 냅니다.

d [de] 혀끝을 윗니의 안쪽 잇몸에 댔다 떼면서 '뜨어'로 발음합니다.

t [te] 혀끝을 윗니의 안쪽 잇몸에 댔다 떼면서 '트어'로 발음합니다.

n [ne] 혀끝을 윗니의 안쪽 잇몸에 댔다 떼면서 '느어'로 발음합니다.

l [le] 혀끝을 윗니의 안쪽 잇몸에 댔다 떼면서 '르어'로 발음합니다.

d	de	dài	dìdi
t	tè	tài	téng
n	ne	niú	nǎinai
l	le	lèi	lěng

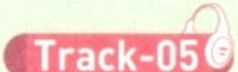

성모 g k h

ge 져!

ke 헉~!

he 걱! 이건 구둣주걱…

설근음(舌根音): 입천장과 혀뿌리 사이로 숨을 내보내며 소리 냅니다.

g [ge] 입천장과 혀뿌리 사이로 숨을 내보내며 '끄어'로 발음합니다.

k [ke] 입천장과 혀뿌리 사이로 숨을 내보내며 '크어'로 발음합니다.

h [he] 입천장과 혀뿌리 사이로 숨을 내보내며 '흐어'로 발음합니다.

g	gē	gěi	gēge
k	kè	kǒu	kuài
h	hē	hǎo	hóng

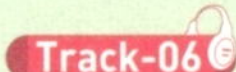

성모

j q x

제 옷을 돌려주시면 ji아비로 모시겠습니다.

여기 옷 받으세요.

qi사하게 엿보기 없어요!

물론이죠~

xi름 선수라고 해도 믿겠네…

설면음(舌面音): 입천장과 혓바닥 사이로 숨을 내보내며 소리 냅니다.

j [ji] 혀끝을 아랫니 안쪽에 대면서 약하게 '지'로 발음합니다.

q [qi] 혀끝을 아랫니 안쪽에 대면서 약하게 '치'로 발음합니다.

x [xi] 혀끝을 아랫니 안쪽에 대고 입김을 마찰시키며 '씨'로 발음합니다.

j	jī	jiā	jiějie
q	qí	qiú	qǐng
x	xī	xiū	xièxie

성모

z c s

설치음(舌齒音): 혀끝을 윗니 뒷면에 댔다 떼면서 소리 냅니다.

z [zi] 혀끝을 윗니의 뒷면에 댔다 떼면서 '쯔'로 발음합니다.

c [ci] 혀끝을 윗니의 뒷면에 댔다 떼면서 '츠'로 발음합니다.

s [si] 혀끝을 윗니의 뒷면에 댔다 떼면서 '쓰'로 발음합니다.

z	zǐ	zǒu	zāng
c	cí	cài	cōng
s	sì	sān	suān

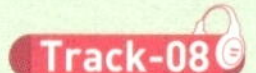

성모 zh ch sh r

선수 인터뷰

거북이와 달리기 시합을 한 게 작년 이 zhi음 이었습니다.

BBS
NBS
KBN

스타트는 둘 다 완벽했죠, 그런데…

Start

그 게슴chi레한 눈과 마주치는 순간

Z…Z…

저는 shi르르 졸음이 쏟아졌죠.

스르ri…

Z
ZZ

그래서 올해는 선글라스를 준비했습니다.

권설음(卷舌音): 혀끝을 위로 말아 올리며 부드럽게 소리 냅니다.

zh [zhi] 혀끝을 말아 올리고 입김을 마찰시키며 약하게 '즈'로 발음합니다.

ch [chi] 혀끝을 말아 올리고 입김을 마찰시키며 강하게 '츠'로 발음합니다.

sh [shi] 혀끝을 말아 올리고 입김을 마찰시키며 성대가 울리지 않게 '스'로 발음합니다.

r [ri] 혀끝을 말아 올리고 입김을 마찰시키며 성대가 진동되도록 '르'로 발음합니다.

zh	zhī	zhuō	zhōng
ch	chī	chá	chóng
sh	shī	shān	shēng
r	rì	rén	róng

버전업!
주니어 중국어
붐붐
하나

Lesson

01 你好！

안녕!

Track-09

이번 과에서는요

친구나 어른을 만났을 때 나누는 인사말에 대해서 배웁니다. '안녕!' '안녕하세요!'를 중국어로 어떻게 말하는지 알아 봅니다.

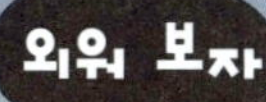

Beibei

단어와 낱말

Track-10

nǐ 你 너	yéye 爷爷 할아버지
hǎo 好 좋다, 안녕하다	nǎinai 奶奶 할머니
nín 您 당신	Hāha 哈哈 하하(인명)
nǐmen 你们 너희들, 당신들	Lāla 拉拉 라라(인명)
lǎoshī 老师 선생님	

새로 나온 문장을 챈트로 익혀 봐요

Track-11

你好!는 우리말의 '안녕?', 영어의 'Hi'와 같은 뜻입니다. 우리말에서는 종종 주어를 생략하지만 중국어에서는 주어를 잘 생략하지 않아요. 그래서 '너(你) 안녕(好)?'이라고 한답니다.

Nǐ	你	hǎo 好!
Nín	您	
Nǐmen	你们	
Lǎoshī	老师	

Track-12

1

lǎoshī	Nǐ hǎo!
老师:	你好！
Hāha	Lǎoshī hǎo!
哈哈:	老师好！

2

Lāla	Yéye, nín hǎo!
拉拉:	爷爷，您好！
yéye	Nǐ hǎo!
爷爷:	你好！

您은 你를 높여 부르는 말입니다. 선생님이나 할머니, 할아버지께는 你보다 您이 더 어울리겠죠?

3

Nín hǎo!
拉拉 / 哈哈: 您好！

nǎinai　Nǐmen hǎo!
奶奶: 你们好！

인칭대명사 我, 你, tā 他, tā 她의 복수형은 각각 wǒmen 我们(우리들), nǐmen 你们(너희들), tāmen 他们(그들), tāmen 她们(그녀들)입니다.

4

Hāha, nǐ hǎo!
拉拉: 哈哈，你好！

Lāla, nǐ hǎo!
哈哈: 拉拉，你好！

헤어질 때 인사말, '안녕!'은 중국어로 어떻게 말할까요?
바로 Zàijiàn 再见입니다. 위 문장에 你好！대신 再见을 넣어 연습해 보세요.

1 녹음을 듣고 알맞게 연결하세요.

Track-13

① nǐ

你

② nín

你们

③ lǎoshī

您

④ nǐmen

老师

2 녹음을 듣고 그림과 일치하면 O, 일치하지 않으면 X로 표시하세요.

①

②

1 다음 대화를 완성시켜 보세요.

① ________ ! 您好 !

② ________ ! 你好 !

③ ________ ! 你好 !

④ ________ ! 你好 !

2 다음 문장을 중국어로 크게 말해 보세요.

1 빈칸에 들어갈 단어를 쓰면서 이 과에 나온 회화 패턴을 익혀요.

_____ 好！ 안녕하세요!

* 발음과 뜻을 읽으며 획순에 따라 단어를 써 보세요.

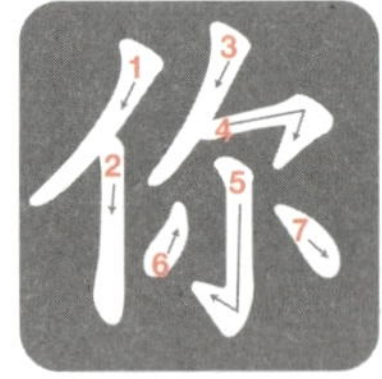

你 你 你 你 你 你 你

nǐ 너

您 您 您 您 您 您 您

nín 당신

你们 你们 你们 你们

nǐmen 너희들, 당신들

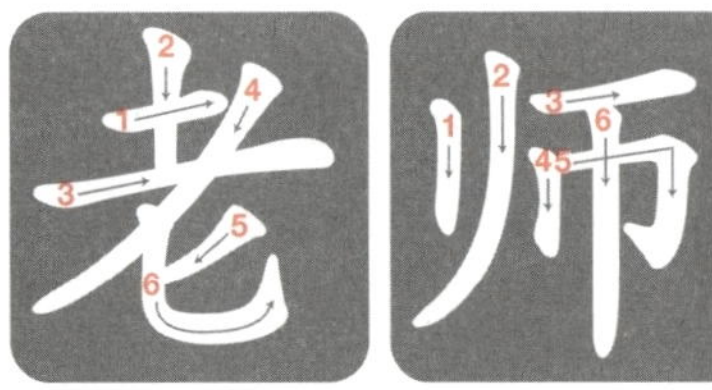

老师 老师 老师 老师

lǎoshī 선생님

숫자 1부터 10 그리고 100은 중국어로 뭘까요?

 líng 零 0	 yī 一 1	 èr 二 2
 sān 三 3	 sì 四 4	 wǔ 五 5
 liù 六 6	 qī 七 7	 bā 八 8
 jiǔ 九 9	 shí 十 10	 yìbǎi 一百 100

주사위를 던져 자금성에 먼저 도착해요!

지금성은?

8백여 개의 건축물과 9천여 개의 방이 있는 중국 최대의 왕궁이자, 박물관입니다. 지금은 과거의 궁전이라는 뜻에서 '고궁'으로도 불리죠.

게임 방법

1. 주사위를 던져 나온 숫자만큼 움직여, 목적지에 먼저 도착하는 쪽이 이기는 게임입니다.
2. −1, −2라고 표시된 지점에서는 각각 뒤로 한 칸, 두 칸 이동합니다.
3. 사과 자리에서는 해당 번호의 문제를 풀어야 세 칸 앞으로 이동할 수 있습니다.

사과 1	1!	老师好！	→ 큰 소리로 읽기
사과 2	2!	爷爷，您好！	→ 뜻 쓰기
사과 3	3!	你好！	→ 병음 쓰기
사과 4	4!	Nǐmen hǎo!	→ 한자 쓰기
사과 5	5!	숫자 7	→ 중국어로 말하기

START
-2
1!
-1
2!
3!
-1
4!
5!
-2
-1
FINISH

Lesson

02 你好吗?

잘 지내니?

Track-14

이번 과에서는요

앞에서 배운 你好!는 '안녕', '안녕하세요'와 같은 가벼운 인사말이었죠? 평소 알고 지내는 친구 사이에 진짜 안부를 묻는 표현을 배웁니다.

Beibei

단어와 낱말

Track-15

- ma 吗 ~입니까?
- wǒ 我 나, 저
- hěn 很 아주, 매우
- fēicháng 非常 대단히, 심히
- bù 不 ~하지 않다
- bú tài 不太 그다지 ~하지 않다
- xièxie 谢谢 감사합니다, 고맙습니다
- shēngbìng 生病 병이 나다
- le 了 완료를 나타내는 어기조사

새로 나온 문장을 챈트로 익혀 봐요

Track-16

我很好。에서 很은 원래 '아주', '매우'란 뜻이지만 사람들이 워낙 많이 쓰다 보니 지금은 습관처럼 쓰여 그 뜻이 강하지 않습니다. 그래서 '아주' '매우'의 뜻을 강조해서 표현할 때는 정도를 나타내는 정도부사 非常을 쓰는 것이 좋습니다.

Wǒ			hǎo
我	hěn	很	好。
	fēicháng	非常	
	bù	不	
	bú tài	不太	

Track-17

1

Lāla　Nǐ hǎo ma?

拉拉：　你好吗？

Hāha　Wǒ hěn hǎo, xièxie!

哈哈：　我很好，　谢谢！

나의 안부를 물어보는 상대방의 따뜻한 관심에는 谢谢!하고 고맙다는 인사로 보답하는 게 좋겠죠?

2

Nǐ hǎo ma?

拉拉：　你好吗？

Wǒ fēicháng hǎo.

哈哈：　我非常好。

1과에서 배운 你好!는 엄밀히 말하면 你好吗?라는 문장에서 吗를 생략한 것입니다. 중국어에서는 이처럼 문장의 끝에 吗를 붙여 의문문을 만듭니다.

3

拉拉: Nǐ hǎo ma?
你好吗？

哈哈: Wǒ bù hǎo,
我不好，

wǒ shēngbìng le.
我生病了。

不가 형용사나 동사 앞에 붙어 있으면, '~하지 않다'라는 부정문이 됩니다. 따라서 我不好。는 '나는 좋지 않다'라는 뜻입니다.

4

拉拉: Nǐ hǎo ma?
你好吗？

哈哈: Wǒ bú tài hǎo.
我不太好。

不는 '~하지 않다', 太는 '매우', '너무'라는 의미이므로 이 둘을 합친 不太는 '그다지 ~하지 않다'라는 뜻이 됩니다. 여기서 不가 2성이 되는 게 이상하죠? 不는 4성 단어 앞에서 2성으로 변한답니다.

1 녹음을 듣고 알맞게 연결하세요. Track-18

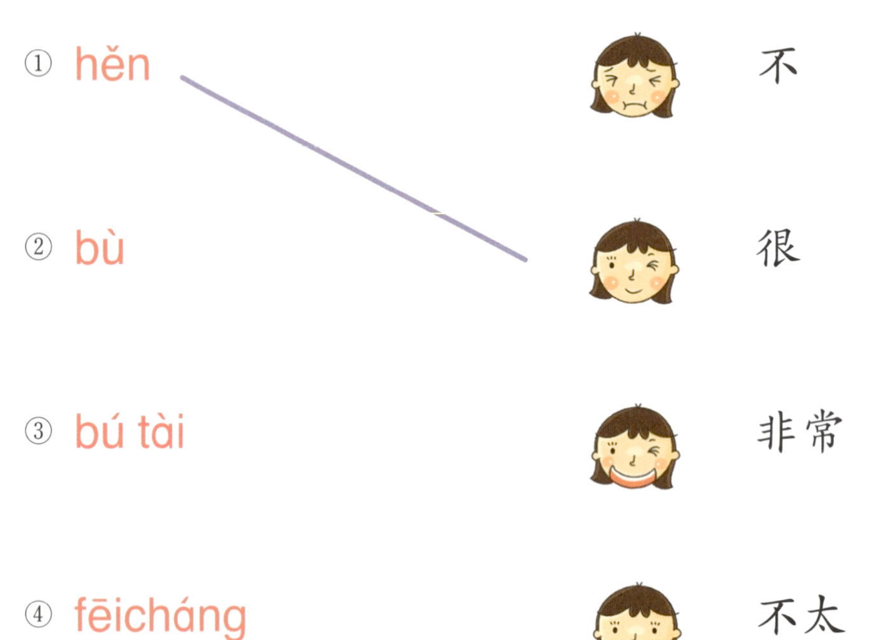

2 녹음을 듣고 그림과 일치하면 O, 일치하지 않으면 X로 표시하세요.

①

②

1 다음 대화를 완성시켜 보세요.

2 다음 문장을 중국어로 크게 말해 보세요.

1 빈칸에 들어갈 단어를 쓰면서 이 과에 나온 회화 패턴을 익혀요.

我 ______ 好。 (아주) 좋아요.

* 발음과 뜻을 읽으며 획순에 따라 단어를 써 보세요.

很 很 很 很 很 很 很

hěn 아주, 매우

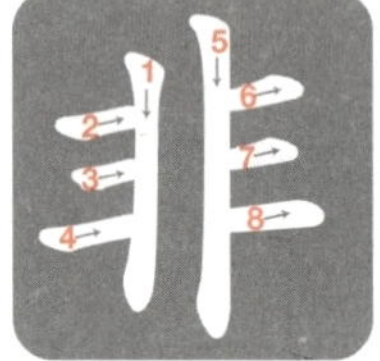 

非常 非常 非常 非常

fēicháng 대단히, 심히

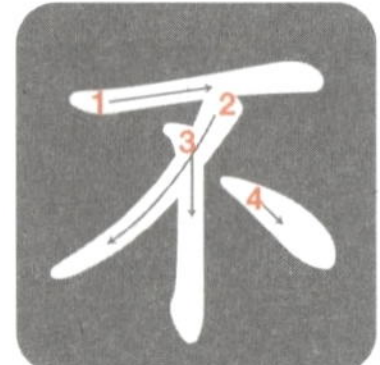

不 不 不 不 不 不 不

bù ~하지 않다

不太 不太 不太 不太

bú tài 그다지 ~하지 않다

나와 내 주변 사람들은 중국어로 뭘까요?

 wǒ 我 나	 wǒmen 我们 우리	 nǐ 你 너
 nǐmen 你们 너희들	 tā 他 그	 tā 她 그녀
 tāmen 他们 그들	 tāmen 她们 그녀들	 tāmen 他们 그들(남자 + 여자)
 tā 它 그것(사물)	 tā 它 그것(동물)	 tāmen 它们 그것들(사물, 동물)

놀아 보자!

Wanwan

연필을 쓰러뜨려 천안문에 놀러 가요!

천안문은?

베이징 시가지 중앙에 있는 건축물로, 지금은 중국을 대표하는 하나의 거대한 상징물입니다. 천안문 앞의 광장은 100만 명을 동시에 수용할 수 있는 세계 최대의 광장이죠.

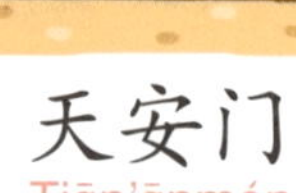

天安门
Tiān'ānmén

게임 방법

1. 그림판의 가운데에 연필을 거꾸로 세운 후 손을 놓습니다.
2. 연필이 쓰러진 칸에 쓰인 번호의 문제를 풉니다.
3. 먼저 모든 문제를 정확히 푸는 쪽이 이기는 게임입니다.

번호 1	你好吗?	→ 큰 소리로 읽기
번호 2	她生病了。	→ 뜻 쓰기
번호 3	我很好，谢谢!	→ 병음 쓰기
번호 4	Wǒ fēicháng hǎo.	→ 한자 쓰기
번호 5	그들은 잘 못 지내.	→ 중국어로 말하기

4
1
쾅!!
5
3
2

Lesson 03

你叫什么?

이름이 뭐니?

Track-19

이번 과에서는요

이름을 묻고 답하는 다양한 표현과 처음 만난 사람에게 할 수 있는 인사말을 배웁니다. 친구들과 이름을 묻고 답해 보세요.

Nǐ jiào shénme?
你叫什么?

Wǒ jiào Hāha.
我叫哈哈。

하하

단어와 낱말

Track-20

- jiào 叫 (이름을) ~이라고 부르다
- shénme 什么 무엇, 무슨
- míngzi 名字 이름
- xìng 姓 성씨
- rènshi 认识 알다, 인식하다
- gāoxìng 高兴 기쁘다, 즐겁다
- Wáng 王 왕(성씨)
- ne 呢 ~은, ~는
- Jīn 金 김(성씨)
- guìxìng 贵姓 (경어) 성씨
- Zhāng 张 장(성씨)

새로 나온 문장을 챈트로 익혀 봐요

Track-21

비슷한 또래나 자신보다 어린 사람의 이름을 물어볼 때는 你叫什么?나 你叫什么名字?라고 표현합니다. 성만 물을 때는 你姓什么?라고 합니다.

Nǐ jiào shénme?	你叫什么?
Nǐ jiào shénme míngzi?	你叫什么名字?
Nǐ xìng shénme?	你姓什么?

Track-22

1

Měimei　Nǐ jiào shénme?

美美：　你叫什么？

Hāha　Wǒ jiào Hāha.

哈哈：　我叫哈哈。

2

Nǐ jiào shénme míngzi?

美美：　你叫什么名字？

Lāla　Wǒ jiào Lāla.

拉拉：　我叫拉拉。

Rènshi nǐ hěn gāoxìng.

美美：　认识你很高兴。

처음 만난 사람의 이름을 알고 난 후 늘 빠지지 않는 인사말, 认识你很高兴。을 꼭 외워 두세요.

3

Nǐ xìng shénme?
美美: 你姓什么?

Wǒ xìng Wáng, nǐ ne?
拉拉: 我姓王，　　你呢?

Wǒ xìng Jīn.
美美: 我姓金。

呢는 문맥에 따라 구체적인 내용은 생략하고 주어만 남겨 간략하게 질문할 때 사용합니다. 따라서 여기서 你呢?는 '너는 성이 뭐니?'라는 뜻이 되는 거죠.

4

Nín guì xìng?
美美: 您贵姓?

nǎinai　Wǒ xìng Zhāng.
奶奶: 我姓张。

您贵姓?은 어른에게 공손하게 성만 여쭤 볼 때 사용하는 경어입니다. 대답은 我姓…이라고 자신의 성만 말하거나 我叫…의 형태로 성과 이름을 함께 말합니다.

1 녹음을 듣고 알맞게 연결하세요. Track-23

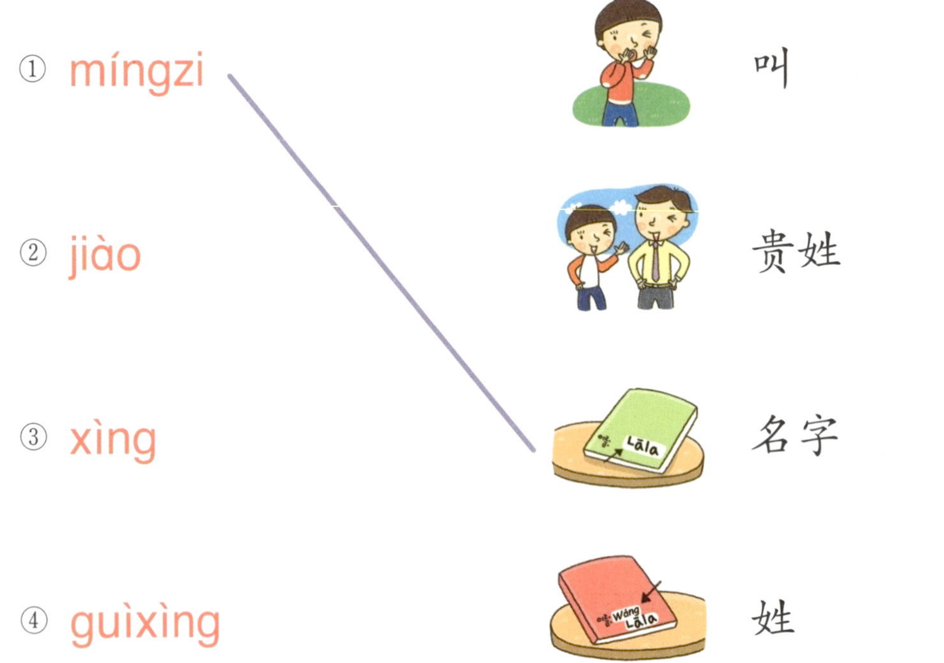

2 녹음을 듣고 그림과 일치하면 O, 일치하지 않으면 X로 표시하세요.

①
②

1 다음 대화를 완성시켜 보세요.

2 다음 문장을 중국어로 크게 말해 보세요.

1 빈칸에 들어갈 단어를 쓰면서 이 과에 나온 회화 패턴을 익혀요.

你 ____ 什么 ____ ? 이름이 무엇인가요?

* 발음과 뜻을 읽으며 획순에 따라 단어를 써 보세요.

你 ____ 什么? | 您 ____ ? 성이 무엇입니까?

* 발음과 뜻을 읽으며 획순에 따라 단어를 써 보세요.

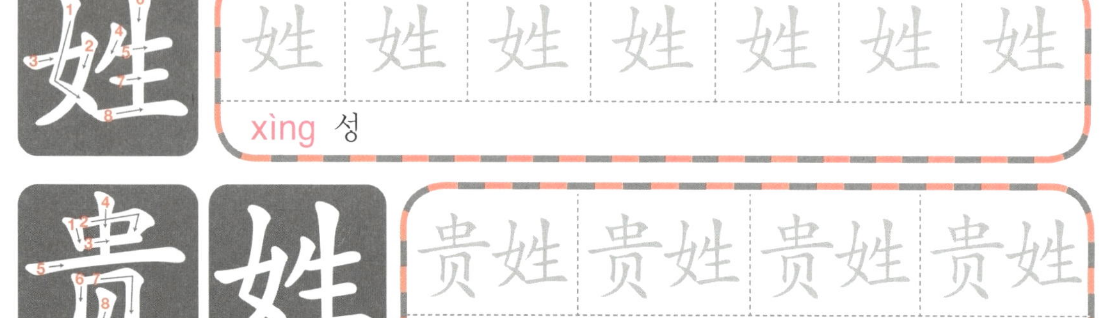

내 이름과 친구들 이름은 중국어로 뭘까요?

Hāha
哈哈 하하

Lāla
拉拉 라라

Dōngdong
东东 동동

Měimei
美美 미미

Zhāng Dōngjiàn
张东健 장동건

Jīn Xǐshàn
金喜善 김희선

Yuán Bīn
元彬 원빈

Quán Zhìxián
全智贤 전지현

내 얼굴은?

내 이름은?

5개의 카드를 갖고 베이징 동물원을 찾아가요!

베이징 동물원은?

중국에 있는 동물원 중 역사가 가장 오래된 동물원입니다. 중국의 가장 유명한 동물은 바로 판다죠? 베이징 동물원에는 판다관이 따로 운영되고 있답니다.

动物园
Dòngwùyuán

게임 방법

1. 목적지까지 길을 찾아갑니다.
2. 길 중간에 떨어진 카드 번호에 해당하는 문제를 풀면 카드를 가질 수 있습니다.
3. 문제를 풀어 5개의 카드를 모두 모아야 목적지에 도착할 수 있습니다.

카드	문제	방법
카드 1	你叫什么?	➔ 큰 소리로 읽기
카드 2	我叫______。	➔ 내 이름 쓰기
카드 3	你姓什么?	➔ 병음 쓰기
카드 4	Nín guì xìng?	➔ 한자 쓰기
카드 5	만나서 반가워.	➔ 중국어로 말하기

Start
1
4
베이징 동물원
2
3
Finish
5

Lesson

04 你多大?

몇 살이니?

Track-24

이번 과에서는요

나이를 묻고 답하는 표현을 배웁니다. 나이와 함께 학년, 띠도 묻고 답해 보세요.

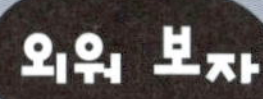

단어와 낱말

Track-25

duōdà 多大 (나이가) 얼마인가

shí'èr 十二 열둘, 12

suì 岁 세, 살

jǐ 几 몇

xiǎo péngyou 小朋友 꼬마, 어린아이

sì 四 넷, 4

niánjí 年级 학년

wǔ 五 다섯, 5

shǔ 属 띠

niú 牛 소

새로 나온 문장을 챈트로 익혀 봐요

Track-26

상대방의 나이가 자신보다 어린, 10살 미만의 아이에게는 几라는 의문사를 사용하고, 자기와 비슷한 또래에게는 多大를 써서 나이를 물어봅니다.

Nǐ jǐ suì? 你几岁?

Nǐ duōdà? 你多大?

Track-27

1

Lāla
拉拉: Xiǎo péngyou, nǐ jǐ suì?
小朋友，你几岁？

Xiǎo péngyou
小朋友: Wǒ sì suì.
我四岁。

几는 일반적으로 10 이하의 적은 수를 물을 때 사용합니다. 따라서 你几岁?는 열 살 미만으로 보이는 어린아이의 나이를 물을 때 쓰는 표현입니다.

2

拉拉: Nǐ duōdà?
你多大？

Měimei
美美: Shí'èr suì.
十二岁。

3

Hāha　Nǐ jǐ niánjí?

哈哈：　你几年级？

Dōngdong　Wǔ niánjí.

东东：　五年级。

4

Nǐ shǔ shénme?

哈哈：　你属什么？

Wǒ shǔ niú.

美美：　我属牛。

什么는 '무엇'이라는 뜻의 의문사로, 你属什么？는 '너의 띠는 무엇이니?'라는 뜻입니다. 이 물음에 대한 대답은 属 뒤에 자신의 띠에 해당하는 동물을 말하면 됩니다.

1 녹음을 듣고 알맞게 연결하세요.

Track-28

① jǐ suì ____________________  几岁

② shǔ  属

③ duōdà  年级

④ niánjí  多大

2 녹음을 듣고 그림과 일치하면 O, 일치하지 않으면 X로 표시하세요.

①

②

1 다음 대화를 완성시켜 보세요.

2 다음 문장을 중국어로 크게 말해 보세요.

1 빈칸에 들어갈 단어를 쓰면서 이 과에 나온 회화 패턴을 익혀요.

你 ________ ?　몇 살이니?

* 발음과 뜻을 읽으며 획순에 따라 단어를 써 보세요.

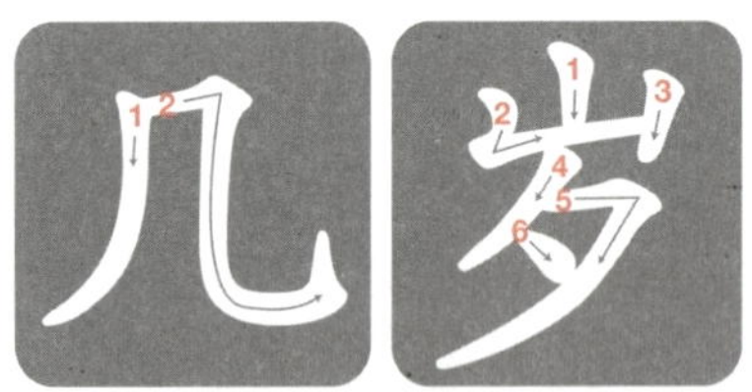

几岁 几岁 几岁 几岁

jǐ suì 몇 살

多大 多大 多大 多大

duōdà (나이가) 얼마인가

* 1부터 10까지 획순에 따라 숫자를 써 보세요.

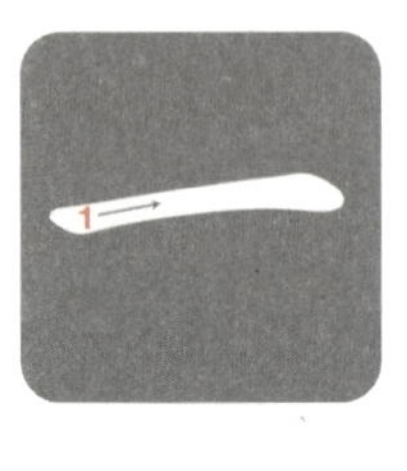

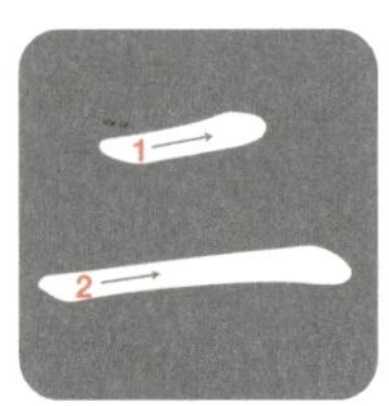

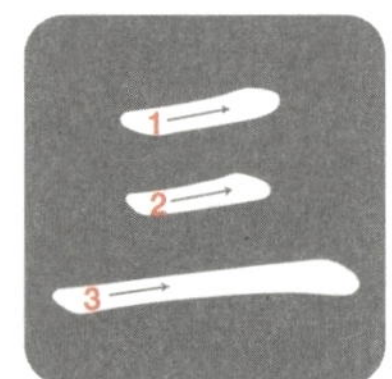

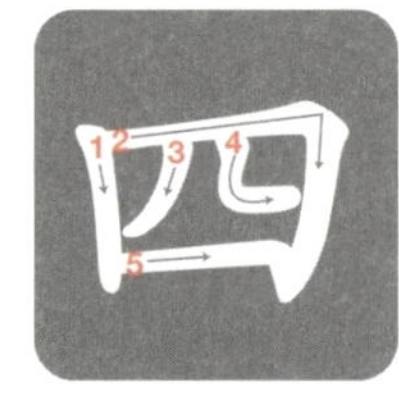

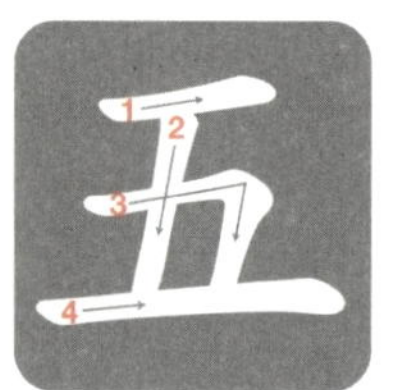

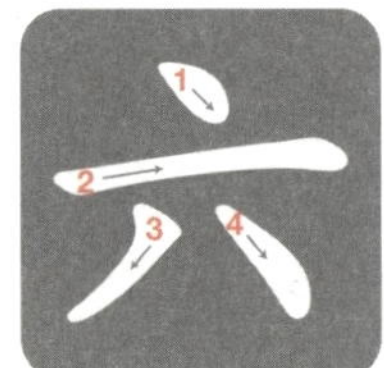

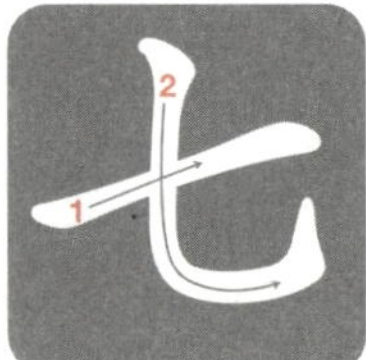

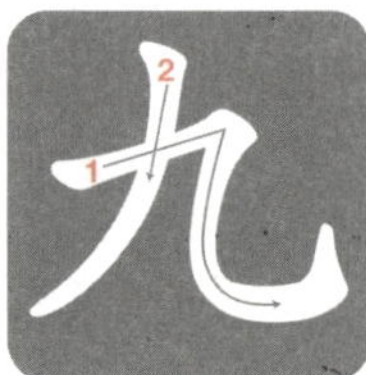

12가지 동물 띠는 중국어로 뭘까요?

 shǔ 鼠 쥐	 niú 牛 소	 hǔ 虎 호랑이
 tù 兔 토끼	 lóng 龙 용	 shé 蛇 뱀
 mǎ 马 말	 yáng 羊 양	 hóu 猴 원숭이
 jī 鸡 닭	 gǒu 狗 개	 zhū 猪 돼지

주사위를 던져 북해 공원에 놀러 가요!

북해 공원은?

베이징 고궁 안에 위치한 황실 정원으로, 베이징에서 가장 오래된 역사를 지닌 공원입니다. 인공 섬 중앙 산꼭대기에는 하얀 '백탑'이 우뚝 솟아 아름다운 풍경을 이루고 있죠.

게임 방법

1. 주사위를 던져 나온 숫자만큼 움직여, 목적지에 먼저 도착하는 쪽이 이기는 게임입니다.
2. −1, −2라고 표시된 지점에서는 각각 뒤로 한 칸, 두 칸 이동합니다.
3. 사과 자리에서는 해당 번호의 문제를 풀어야 세 칸 앞으로 이동할 수 있습니다.

사과 1	1!	你多大?	→ 큰 소리로 읽기
사과 2	2!	小朋友，你几岁?	→ 뜻 쓰기
사과 3	3!	你几年级?	→ 병음 쓰기
사과 4	 4!	Wǒ shísān suì.	→ 한자 쓰기
사과 5	5!	나는 호랑이 띠야.	→ 중국어로 말하기

Start
-1
1!
-1
2!
-2
3!
-2
5!
4!
Finish
-1

Lesson

05 你忙不忙?

너 바쁘니?

Track-29

이번 과에서는요

친구들의 상태나 근황을 묻고 답해 봅니다. 앞의 你好吗?라는 문장에서 서술문 끝에 吗를 붙여 물어보는 표현을 배웠죠? 이번에는 긍정형과 부정형을 나란히 써서 의문문을 만들어 봅니다.

Nǐ máng bu máng?
你忙不忙?

Wǒ bù máng.
我不忙。

máng 忙 바쁘다

lèi 累 피곤하다

è 饿 배고프다

kě 渴 목마르다

yě 也 ~도, 역시

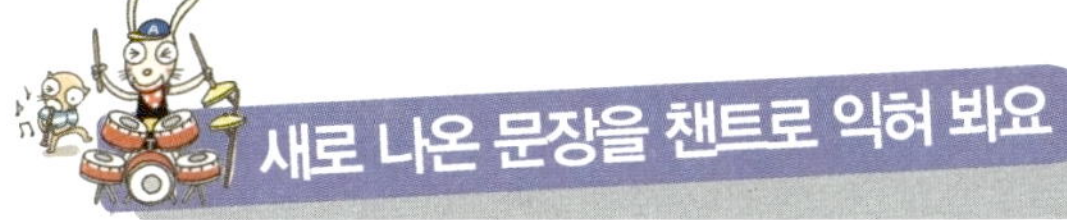

Track-31

중국어는 긍정과 부정을 나란히 사용하여 의문문을 만들 수 있습니다. 따라서 忙不忙?(바빠요, 안 바빠요?)은 忙吗?(바쁩니까?)와 같은 뜻이 되는 거죠. 이때 不는 경성으로 가볍게 발음합니다.

Nǐ 你		bu 不		?
	máng 忙		máng 忙	
	lèi 累		lèi 累	
	è 饿		è 饿	
	kě 渴		kě 渴	

Track-32

1

Hāha
哈哈: Nǐ máng bu máng?
你忙不忙?

Lāla
拉拉: Wǒ hěn máng.
我很忙。

很 자리에는 앞에서 배운 대로 다른 부사들도 쓸 수 있어요. 정도를 나타내는 非常, 不, 不太 등을 넣어서 문장을 만들어 보세요.

2

哈哈: Nǐ lèi bu lèi?
你累不累?

拉拉: Wǒ bú lèi.
我不累。

你累不累?(피곤해, 안 피곤해?)는 你累吗?(피곤하니?)와 같은 뜻이에요.

3

Nǐ è bu è?

哈哈: 你饿不饿?

Wǒ hěn è. Nǐ ne?

拉拉: 我很饿。 你呢?

Wǒ bú è.

哈哈: 我不饿。

여기서 你呢?는 我很饿, 你很饿吗?(나는 배고픈데, 너는 배고프니?)의 의미입니다.

4

Nǐ kě bu kě?

哈哈: 你渴不渴?

Wǒ hěn kě. Nǐ ne?

拉拉: 我很渴。 你呢?

Wǒ yě hěn kě.

哈哈: 我也很渴。

也는 '또한' '역시'라는 뜻의 부사입니다.

1 녹음을 듣고 알맞게 연결하세요. Track-33

2 녹음을 듣고 그림과 일치하면 O, 일치하지 않으면 X로 표시하세요.

①
②

1 다음 대화를 완성시켜 보세요.

① 你忙不忙?
______。

② ______?
我很渴。

③ 你饿不饿?
______。

④ ______?
我不累。

2 다음 문장을 중국어로 크게 말해 보세요.

1 빈칸에 들어갈 단어를 쓰면서 이 과에 나온 회화 패턴을 익혀요.

我不 ______ 。 나는 (바쁘)지 않아요.

* 발음과 뜻을 읽으며 획순에 따라 단어를 써 보세요.

忙	忙	忙	忙	忙	忙	忙

máng 바쁘다

累	累	累	累	累	累	累

lèi 피곤하다

饿	饿	饿	饿	饿	饿	饿

è 배고프다

渴	渴	渴	渴	渴	渴	渴

kě 목마르다

지금 나의 상황은 중국어로 뭘까요?

è
饿 배고프다

lèi
累 피곤하다

kě
渴 목마르다

máng
忙 바쁘다

nán
难 어렵다

pà
怕 무섭다

téng
疼 아프다

rè
热 덥다

lěng
冷 춥다

Wanwan 놀아 보자!

연필을 쓰러뜨려 왕푸징에 놀러 가요!

왕푸징은?

베이징에서 가장 번화한 상업 지역으로 우리나라의 '명동'이라고 할 수 있죠. 많은 상점이 있는데 특히 왕푸징 먹거리 야시장에서는 각종 특이한 꼬치들이 아주 유명합니다.

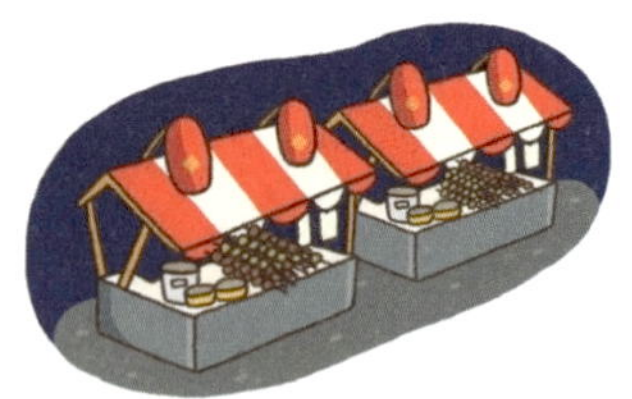

王府井
Wǎngfǔjǐng

게임 방법

1. 그림판의 가운데에 연필을 거꾸로 세운 후 손을 놓습니다.
2. 연필이 쓰러진 칸에 쓰인 번호의 문제를 풉니다.
3. 먼저 모든 문제를 정확히 푸는 쪽이 이기는 게임입니다.

번호 1		你怕不怕?	→ 큰 소리로 읽기
번호 2		我很饿，你呢?	→ 뜻 쓰기
번호 3		你渴不渴?	→ 병음 쓰기
번호 4		Wǒ bù máng.	→ 한자 쓰기
번호 5		나도 바빠.	→ 중국어로 말하기

꽝!!
1
2
3
4
5

이번 과에서는요

자신과 상대방의 직업에 대해서 묻고 답하는 표현을 배웁니다. '무슨 일을 하세요?' '직업이 뭐예요?' 등을 중국어로 어떻게 말하는지 공부하고 여러 직업에 대해 알아 봅니다.

단어와 낱말

Track-35

shì 是 ~이다	tā 他 그 사람(남자를 가리킴)
xuésheng 学生 학생	bàba 爸爸 아빠
jǐngchá 警察 경찰	zuò 做 ~을 하다
dàifu 大夫 의사	gōngzuò 工作 일, 직업

새로 나온 문장을 챈트로 익혀 봐요

Track-36

是는 동사로 '~이다'라는 뜻입니다. 영어의 be 동사처럼 두 종류의 사물을 연계시켜 서로 같음을 나타내거나, 앞에 나온 대상의 종류나 속성 등을 설명합니다.

Wǒ shì
我是 ___。

- xuésheng 学生
- lǎoshī 老师
- jǐngchá 警察
- dàifu 大夫

Track-37

1

Lāla　　Tā shì xuésheng.
拉拉：　他是学生。

Hāha　　Tā shì lǎoshī.
哈哈：　他是老师。

2

Tàitai　　Nǐmen shì xuésheng ma?
太太：　你们是学生吗？

Shì, wǒmen shì xuésheng.
拉拉：　是，我们是学生。

어떤 것이 맞는지 틀린지 묻는 말에 긍정의 대답을 할 때는 是(그렇다)나 duì 对(맞다)를 사용합니다.

3

Nǐ bàba shì jǐngchá ma?

拉拉: 你爸爸是警察吗?

Dōngdong Bù, wǒ bàba bú shì jǐngchá,

东东: 不, 我爸爸不是警察,

shì dàifu.

是大夫。

是를 사용한 질문에 부정의 대답은 不, 不是(아니다) 또는 bú duì 不对(틀리다)로 합니다.

4

Nǐ bàba zuò shénme gōngzuò?

哈哈: 你爸爸做什么工作?

Wǒ bàba shì dàifu.

东东: 我爸爸是大夫。

직업을 물을 때는 이 표현 외에 Nǐ zài nǎr gōngzuò? 你在哪儿工作?(당신은 어디에서 일하십니까?)라고도 말할 수 있습니다.

1 녹음을 듣고 알맞게 연결하세요.

Track-38

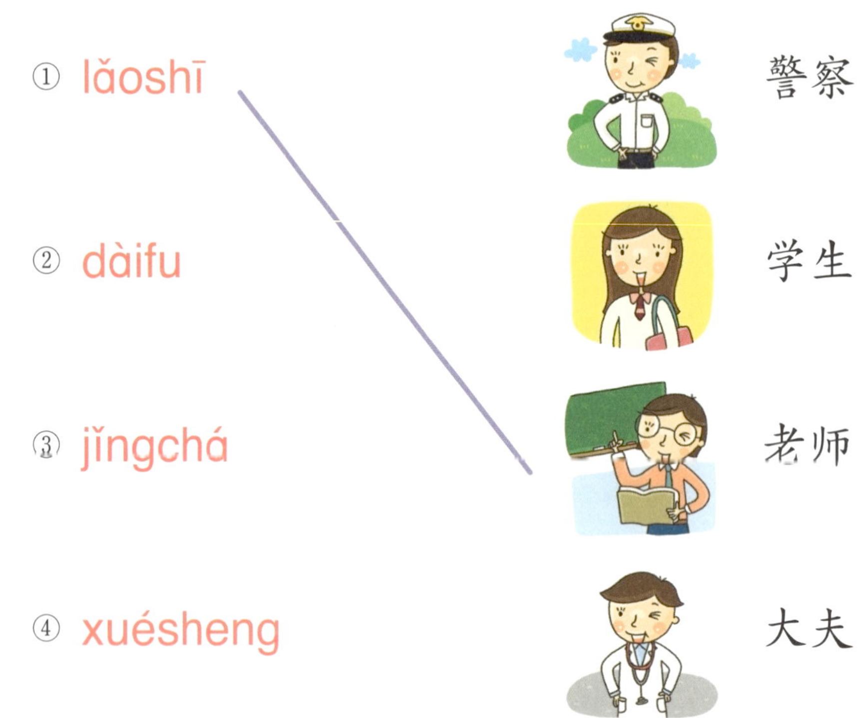

2 녹음을 듣고 그림과 일치하면 O, 일치하지 않으면 X로 표시하세요.

1 다음 대화를 완성시켜 보세요.

① 你爸爸是警察吗?
_______。

② _______? 
是，我们是学生。

③ 你爸爸做什么工作?
_______。

④ 我是学生。
_______。
베이징 올림픽!

2 다음 문장을 중국어로 크게 말해 보세요.

1 빈칸에 들어갈 단어를 쓰면서 이 과에 나온 회화 패턴을 익혀요.

我是 ＿＿＿＿。 나는 (학생)이에요.

* 발음과 뜻을 읽으며 획순에 따라 단어를 써 보세요.

学生 学生 学生 学生

xuésheng 학생

警察 警察 警察 警察

jǐngchá 경찰

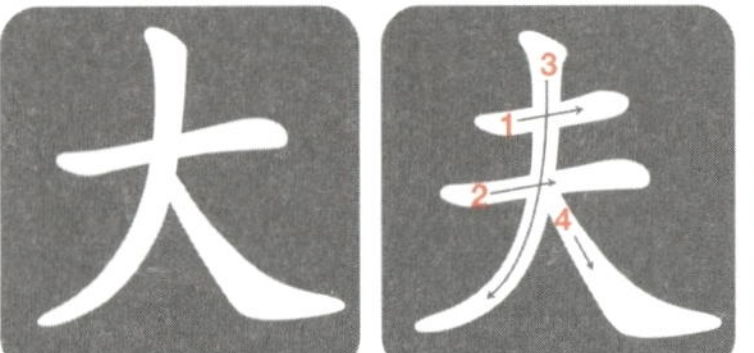

大夫 大夫 大夫 大夫

dàifu 의사

爸爸 爸爸 爸爸 爸爸

bàba 아빠, 아버지

내가 원하는 직업은 중국어로 뭘까요?

 jǐngchá 警察 경찰	 dàifu 大夫 의사	 lǎoshī 老师 선생님
 lǜshī 律师 변호사	 zuòjiā 作家 작가	 huàjiā 画家 화가
 chúshī 厨师 요리사	 shèjìshī 设计师 디자이너	 yǎnyuán 演员 연예인

5개의 카드를 갖고 이화원을 찾아가요!

이화원은?

서태후가 여름 별장으로 사용했던 중국 최대의 황실 정원입니다. 사람들이 직접 땅을 파서 만든 넓은 호수가 있고, 그 호수를 만들 때 퍼낸 흙으로 만든 산이 있을 정도라니 그 규모가 어마어마하죠?

게임 방법

1. 목적지까지 길을 찾아갑니다.
2. 길 중간에 떨어진 카드 번호에 해당하는 문제를 풀면 카드를 가질 수 있습니다.
3. 문제를 풀어 5개의 카드를 모두 모아야 목적지에 도착할 수 있습니다.

카드 1  他是演员。 → 큰 소리로 읽기

카드 2  我爸爸不是画家，是大夫。 → 뜻 쓰기

카드 3  我爸爸是大夫。 → 병음 쓰기

카드 4  Wǒmen shì xuésheng. → 한자 쓰기

카드 5  너희 아버지는 어떤 일을 하시니? → 중국어로 말하기

Go!!
1
2
3
4
5
Stop!!

Lesson

07 她是谁?

재는 누구야?

Track-39

이번 과에서는요

의문사 谁를 써서 가리키는 사람에 대해 묻고 답하는 내용을 배웁니다.
그 사람이 나와 어떤 관계인지 말해 보세요.

Tā shì shéi?
她是谁?

Tā shì Lāla.
她是拉拉。

단어와 낱말

Track-40

tā 她 그 사람(여자를 가리킴)	péngyou 朋友 친구
shéi 谁 누구	mèimei 妹妹 여동생
de 的 ~의	lái 来 오다
tóngxué 同学 급우	le 了 완료를 나타내는 어기조사

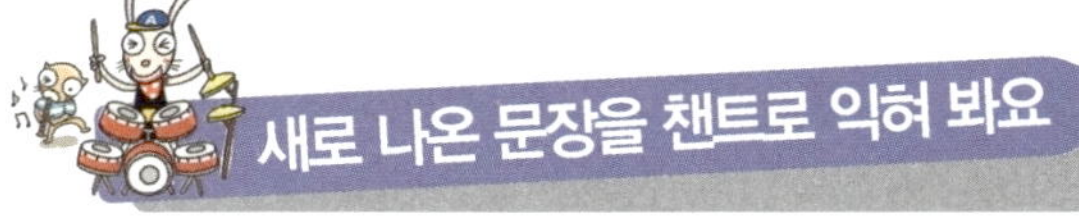

새로 나온 문장을 챈트로 익혀 봐요

Track-41

나와 직접 대화하는 상대방이 아닌 제3자에 대해 말할 때는 tā 他, tā 她, tāmen 他们, tāmen 她们 등의 3인칭 대명사를 써서 표현합니다.

Tā shì 她是	Lāla 拉拉 wǒ de tóngxué 我的同学 wǒ péngyou 我朋友 wǒ mèimei 我妹妹	。

Track-42

1

Měimei　Tā shì shéi?
美美:　他是谁?

Dōngdong　Tā shì Hāha.
东东:　他是哈哈。

谁는 '누구'라는 뜻의 의문사입니다.

2

Tāmen shì shéi?
美美:　他们是谁?

Tāmen shì wǒ de tóngxué.
东东:　他们是我的同学。

的를 인칭대명사 뒤에 붙이면 '~의'라는 뜻의 소유격을 만들 수 있죠.
→ 我的(나의), 你的(너의), 他的(그의)

3

Tā shì shéi?

美美: 她是谁?

Tā shì wǒ péngyou Lāla.

东东: 她是我朋友拉拉。

나의 친구이거나 가족임을 나타낼 때는 的를 생략할 수 있습니다.

4

Shéi lái le?

美美: 谁来了?

Lāla

Wǒ mèimei lái le.

拉拉: 我妹妹来了。

동사 뒤에 了가 붙으면 어떤 동작이 완료되었음을 뜻합니다. 谁来?(누가 오니?) / 谁来了?(누가 왔니?)

1 녹음을 듣고 알맞게 연결하세요. Track-43

① 拉拉

② 妹妹

③ 朋友

④ 同学

Lāla

péngyou

mèimei

tóngxué

2 녹음을 듣고 그림과 일치하면 O, 일치하지 않으면 X로 표시하세요.

①

②

1 다음 대화를 완성시켜 보세요.

① 

② 

③

④ 

2 다음 문장을 중국어로 크게 말해 보세요.

1 빈칸에 들어갈 단어를 쓰면서 이 과에 나온 회화 패턴을 익혀요.

她是 ________ 。 그녀는 (라라)예요.

* 발음과 뜻을 읽으며 획순에 따라 단어를 써 보세요.

拉拉 拉拉 拉拉 拉拉

Lāla 라라

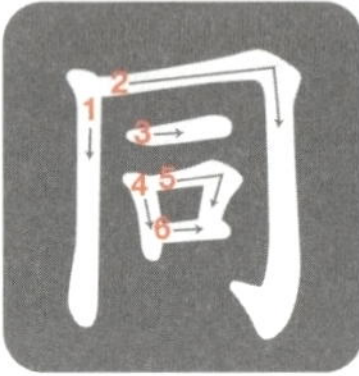

同学 同学 同学 同学

tóngxué 급우

朋友 朋友 朋友 朋友

péngyou 친구

妹妹 妹妹 妹妹 妹妹

mèimei 여동생

우리 가족은 중국어로 뭘까요?

yéye
爷爷 할아버지

nǎinai
奶奶 할머니

bàba
爸爸 아빠

māma
妈妈 엄마

gēge
哥哥 오빠, 형

jiějie
姐姐 누나

wǒ
我 나

dìdi
弟弟 남동생

mèimei
妹妹 여동생

주사위를 던져 베이징 올림픽 경기장에 구경 가요!

올림픽 경기장은?

2008년 베이징 올림픽을 개최한 주 경기장으로 올림픽 개회식, 폐막식 장소로 쓰였어요. 생김새 때문에 '새 둥지'라는 별명으로 불립니다.

北京国家体育场
Běijīng guójiā tǐyùchǎng

게임 방법

1. 주사위를 던져 나온 숫자만큼 움직여, 목적지에 먼저 도착하는 쪽이 이기는 게임입니다.
2. −1, −2라고 표시된 지점에서는 각각 뒤로 한 칸, 두 칸 이동합니다.
3. 사과 자리에서는 해당 번호의 문제를 풀어야 세 칸 앞으로 이동할 수 있습니다.

사과 1 1! 他是谁? → 큰 소리로 읽기

사과 2 2! 他是我的同学。 → 뜻 쓰기

사과 3 3! 谁来了? → 병음 쓰기

사과 4 4! Wǒ mèimei lái le. → 한자 쓰기

사과 5 5! 그는 우리 오빠야. → 중국어로 말하기

START
-1
-2
-2
1
2
3
-1
4
5
-1
FINISH

Lesson 08

这是什么?

이건 뭐야?

Track-44

Track-45

zhè 这 이, 이것	diànnǎo 电脑 컴퓨터
shū 书 책	Hànyǔ 汉语 중국어
cídiǎn 词典 사전	nà 那 그, 저, 그것, 저것
qiānbǐ 铅笔 연필	

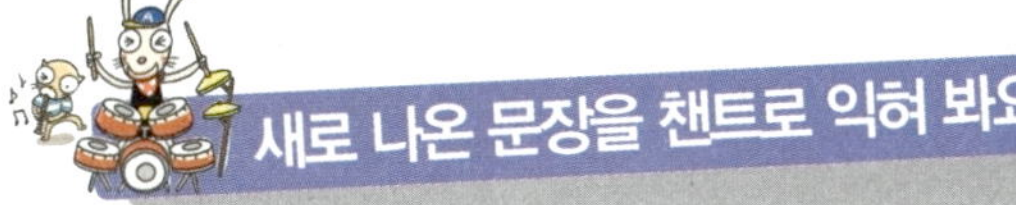

Track-46

这는 '이, 이것'이라는 뜻으로 자신과 가까운 위치의 사물을 가리킬 때 씁니다. '저, 저것'이라는 뜻으로 멀리 있는 것을 가리킬 때는 那를 사용합니다.

Zhè shì
这是

shū 书
cídiǎn 词典
qiānbǐ 铅笔
diànnǎo 电脑

。

Track-47

1

mèimei　Zhè shì shénme?

妹妹:　这是什么?

Lāla　Zhè shì shū.

拉拉:　这是书。

这是什么?라는 문장처럼 문장 끝에 쓰인 什么는 '무엇'이라고 해석합니다.

2

Zhè shì shénme cídiǎn?

妹妹:　这是什么词典?

Hāha　Zhè shì Hànyǔ cídiǎn.

哈哈:　这是汉语词典。

这是什么词典?이라는 문장처럼 什么 뒤에 명사가 오면 什么는 '어떤', '무슨'이라고 해석합니다.

3

Nà shì shénme?

妹妹: 那是什么?

Nà shì qiānbǐ.

拉拉: 那是铅笔。

那는 '저것', '그것'이라는 의미로, 말하는 사람으로부터 멀리 떨어져 있는 사람이나 사물을 가리킵니다.

4

Nà shì shéi de diànnǎo?

妹妹: 那是谁的电脑?

Nà shì wǒ de.

哈哈: 那是我的。

소유를 나타내는 的 뒤에 아무것도 없으면 '~의 것'이란 의미가 됩니다. 따라서 那是我的。는 '그건 내 거야.'라는 뜻이 되겠죠?

1 녹음을 듣고 알맞게 연결하세요. Track-48

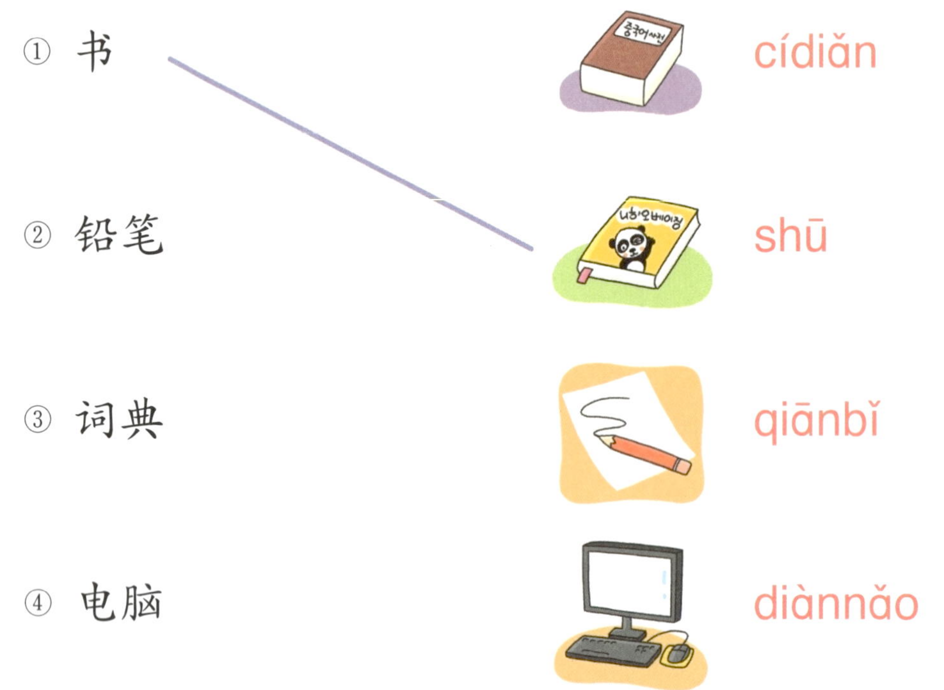

2 녹음을 듣고 그림과 일치하면 O, 일치하지 않으면 X로 표시하세요.

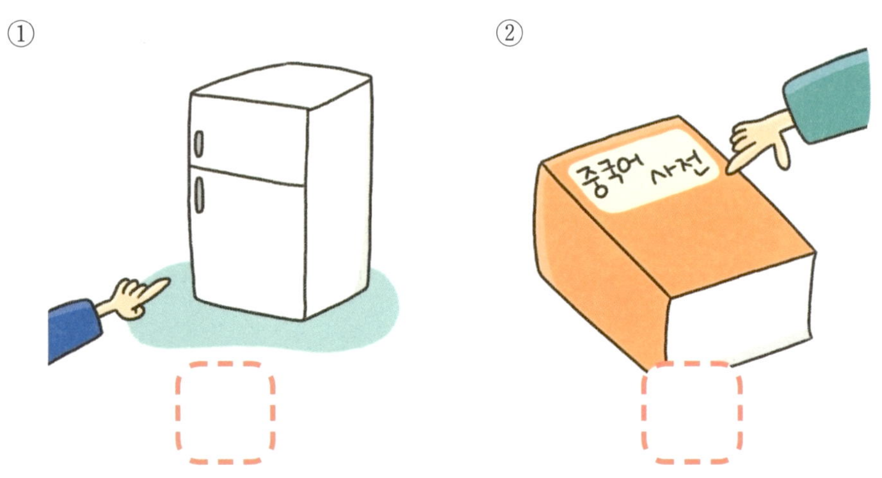

① 다음 대화를 완성시켜 보세요.

② 다음 문장을 중국어로 크게 말해 보세요.

1 빈칸에 들어갈 단어를 쓰면서 이 과에 나온 회화 패턴을 익혀요.

这是 ________ 。이것은 (책)입니다.

* 발음과 뜻을 읽으며 획순에 따라 단어를 써 보세요.

书 书 书 书 书 书 书

shū 책

词典 词典 词典 词典

cídiǎn 사전

铅笔 铅笔 铅笔 铅笔

qiānbǐ 연필

电脑 电脑 电脑 电脑

diànnǎo 컴퓨터

내가 가지고 있는 물건들은 중국어로 뭘까요?

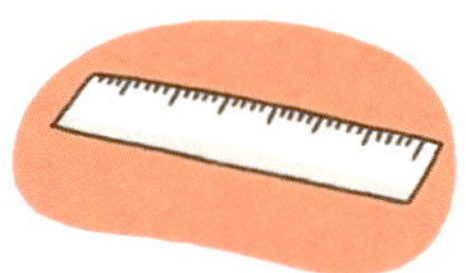

shū 书 책	xiàngpí 橡皮 지우개	qiānbǐ 铅笔 연필
yuánzhūbǐ 圆珠笔 볼펜	shūbāo 书包 책가방	bǐjìběn 笔记本 노트
shǒubiǎo 手表 손목시계	cídiǎn 词典 사전	chǐzi 尺子 자

놀아 보자!

Wanwan

연필을 쓰러뜨려 경극을 보러 가요!

경극은?

화려한 복장과 분장을 하고 노래, 춤, 연극을 혼합해서 공연하는 중국의 전통극이에요. 이때 각 배우들의 분장을 보면 그 인물의 성격을 대강 짐작할 수 있답니다.

京剧
jīngjù

게임 방법

1. 그림판의 가운데에 연필을 거꾸로 세운 후 손을 놓습니다.
2. 연필이 쓰러진 칸에 쓰인 번호의 문제를 풉니다.
3. 먼저 모든 문제를 정확히 푸는 쪽이 이기는 게임입니다.

번호 1		这是什么?	→ 큰 소리로 읽기
번호 2		这是什么词典?	→ 뜻 쓰기
번호 3		那是铅笔。	→ 병음 쓰기
번호 4		Nà shì shūbāo.	→ 한자 쓰기
번호 5		저것은 누구의 컴퓨터입니까?	→ 중국어로 말하기

꽝!!
1
2
4
3
5

Lesson 09

你是哪国人?

어느 나라 사람이니?

Track-49

이번 과에서는요

국적을 묻고 답하는 표현을 배웁니다. 이때 쓰이는 의문사 哪와 함께 여러 나라 이름을 익혀 보세요.

Nǐ shì nǎ guó rén?
你是哪国人?

Wǒ shì Hánguó rén.
我是韩国人。

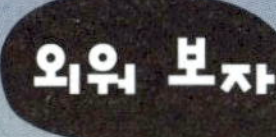

단어와 낱말

Track-50

nǎ 哪 어디

guó 国 나라

rén 人 사람

Hánguó 韩国 한국

Zhōngguó 中国 중국

Měiguó 美国 미국

Rìběn 日本 일본

cóng 从 ~로부터

Huáshèngdùn 华盛顿 워싱턴(지명)

guójí 国籍 국적

새로 나온 문장을 챈트로 익혀 봐요

Track-51

'~ 나라 사람'이라는 국적을 말할 때는 나라 이름 뒤에 人을 쓰면 됩니다. '한국인'이라는 표현은 韩国人이 되지요.

Wǒ shì 我是	Hánguó rén 韩国人 Zhōngguó rén 中国人 Měiguó rén 美国人 Rìběn rén 日本人	。

Track-52

1

Měimei　Nǐ shì Hánguó rén ma?
美美:　你是韩国人吗?

Haha　Shì, wǒ shì Hánguó rén.
哈哈:　是，我是韩国人。

2

Tā shì nǎ guó rén?
美美:　她是哪国人?

Tā shì Zhōngguó rén.
哈哈:　她是中国人。

哪는 '어느'라는 뜻의 의문사입니다. 대답할 때는 哪国 자리에 나라 이름을 넣어서 말합니다.

3

Tā shì nǎ guó rén?

美美: 他是哪国人?

Tā shì Měiguó rén.

哈哈: 他是美国人。

Tā shì cóng Huáshèngdùn lái de.

他是从华盛顿来的。

是…的는 말하고자 하는 내용을 강조할 때 쓰는 구문이에요. 따라서 他是从华盛顿来的。는 그가 미국의 수도인 워싱턴에서 왔음을 강조하는 문장입니다.

4

Nǐ shì shénme guójí?

美美: 你是什么国籍?

Rìběn rén 日本人: Wǒ shì Rìběn guójí.

我是日本国籍。

국적이 어딘지를 묻는 또 다른 표현으로는 Nǐ de guójí shì shénme? 你的国籍是什么?가 있습니다.

1 녹음을 듣고 알맞게 연결하세요. Track-53

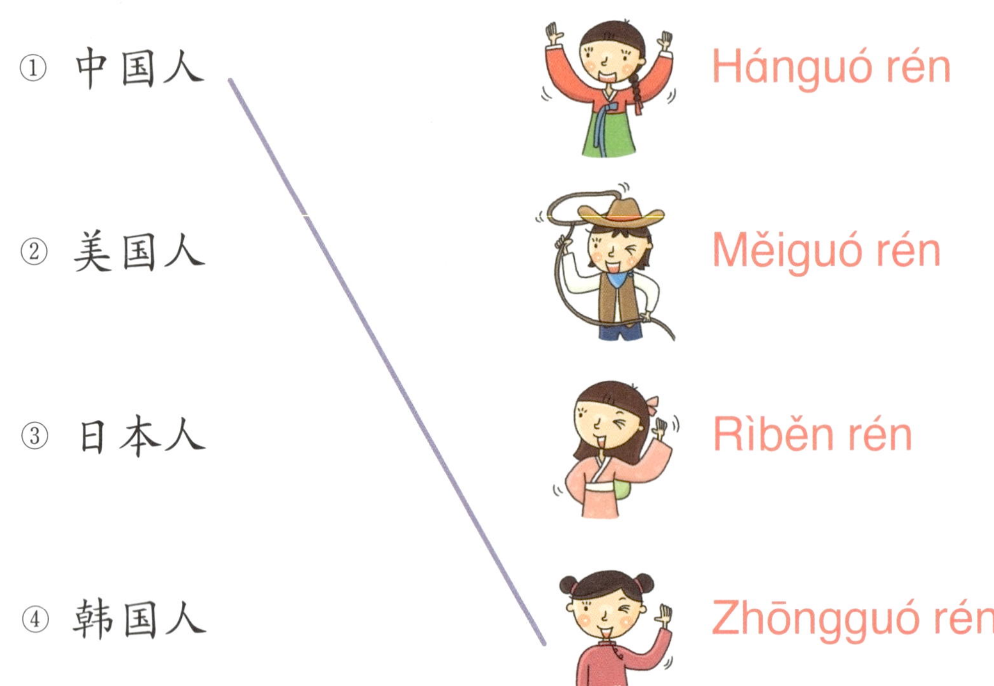

2 녹음을 듣고 그림과 일치하면 O, 일치하지 않으면 X로 표시하세요.

1 다음 대화를 완성시켜 보세요.

① 你是哪国人? ______。

② 你是韩国人吗? ______。

③ 你是什么国籍? ______。

④ ______? 我是美国人。

2 다음 문장을 중국어로 크게 말해 보세요.

1 빈칸에 들어갈 단어를 쓰면서 이 과에 나온 회화 패턴을 익혀요.

我是 ________ 。 저는 (한국인)입니다.

* 발음과 뜻을 읽으며 획순에 따라 단어를 써 보세요.

韩国人 韩国人 韩国人
Hánguó rén 한국인

中国人 中国人 中国人
Zhōngguó rén 중국인

美国人 美国人 美国人
Měiguó rén 미국인

日本人 日本人 日本人
Rìběn rén 일본인

세계 여러 나라들은 중국어로 뭘까요?

 Hánguó 韩国 한국	 Zhōngguó 中国 중국	 Rìběn 日本 일본
 Měiguó 美国 미국	 Fǎguó 法国 프랑스	 Déguó 德国 독일
 Yīngguó 英国 영국	 Yìndù 印度 인도	 Fēizhōu 非洲 아프리카

5개의 카드를 갖고 만리장성을 찾아가요!

만리장성은?

중국 역대 왕조가 국경을 방위하기 위해서 세운 성벽이에요. 그 길이가 자그마치 1만리를 넘어서 '만리장성'이라는 이름이 붙여졌답니다.

게임 방법

1. 목적지까지 길을 찾아갑니다.
2. 길 중간에 떨어진 카드 번호에 해당하는 문제를 풀면 카드를 가질 수 있습니다.
3. 문제를 풀어 5개의 카드를 모두 모아야 목적지에 도착할 수 있습니다.

카드 1  你是哪国人? → 큰 소리로 읽기

카드 2  她是法国人吗? → 뜻 쓰기

카드 3  他是美国人。 → 병음 쓰기

카드 4  Nǐ shì Hánguó rén ma? → 한자 쓰기

카드 5  나는 한국인입니다. → 중국어로 말하기

FINISH
5
3
4
약수터
매점
유기농
2
1
START

你有没有弟弟？

너 남동생 있니?

Track-54

이번 과에서는요

소유의 여부를 묻고 답해 봅니다. 동사 有를 사용해서 가족, 물건, 친구 등이 있는지 없는지 표현하는 방법을 배웁니다.

Nǐ yǒu méiyǒu dìdi?
你有没有弟弟？

Wǒ yǒu yí ge dìdi.
我有一个弟弟。

단어와 낱말

Track-55

yǒu 有 있다	dōu 都 모두
méiyǒu 没有 없다	māma 妈妈 엄마
dìdi 弟弟 남동생	jiějie 姐姐 언니, 누나
ge 个 개(물건을 셀 때 쓰는 양사)	hé 和 ~과(와)
gēge 哥哥 형, 오빠	hái 还 아직
nán péngyou 男朋友 남자 친구	gěi 给 ~에게
shǒujī 手机 휴대폰	jièshào 介绍 소개하다
jiā 家 가정, 집	zuótiān 昨天 어제
kǒu 口 식구(가족을 셀 때 쓰는 양사)	diū 丢 잃어버리다

새로 나온 문장을 챈트로 익혀 봐요

Track-56

有는 '가지다, 있다'라는 뜻을 가진 매우 중요한 동사입니다. 일반적으로 동사를 부정할 때는 앞에 不를 사용하지만 특이하게도 有는 부정부사 没를 사용하니, 이 점을 특히 유의하세요.

Nǐ yǒu méiyǒu
你有没有

gēge 哥哥
nán péngyou 男朋友
shǒujī 手机

?

Track-57

1

Hāha　　Nǐ jiā yǒu jǐ kǒu rén?

哈哈:　　你家有几口人?

Měimei　　Wǒ jiā yǒu wǔ kǒu rén.

美美:　　我家有五口人。

口는 가족 수를 셀 때 쓰는 양사입니다. 중국어에서는 숫자 뒤에 명사가 올 경우 그 사이에 반드시 양사를 써 줘야 합니다.

2

Dōu yǒu shénme rén?

哈哈:　　都有什么人?

Bàba、māma、gēge、

美美:　　爸爸、妈妈、哥哥、

jiějie hé wǒ.

姐姐和我。

이때 都有什么人?은 가족 구성원이 누구누구 있는지 묻는 말입니다.

3

Lāla
拉拉: Nǐ yǒu méiyǒu nán péngyou?
你有没有男朋友?

美美: Hái méiyǒu.
还没有。

Nǐ gěi wǒ jièshào yíge!
你给我介绍一个!

你给我介绍一个!에 쓰인 个는 중국어에 가장 많이 쓰이는 양사입니다. 个 앞에 쓰인 yī 一의 본래 성조는 1성이지만 4성 앞에서는 2성으로 발음합니다.

4

哈哈: Nǐ yǒu méiyǒu shǒujī?
你有没有手机?

Dōngdong
东东: Wǒ méiyǒu shǒujī.
我没有手机。

Zuótiān diū le.
昨天丢了。

你有没有手机?(휴대폰이 있니 없니?)라는 문장은 Nǐ yǒu shǒujī ma? 你有手机吗?(너 휴대폰 있니?)와 같은 의미입니다.

1 녹음을 듣고 알맞게 연결하세요.

Track-58

2 녹음을 듣고 그림과 일치하면 O, 일치하지 않으면 X로 표시하세요.

①

②

1 다음 대화를 완성시켜 보세요.

① ______?

我没有手机。昨天丢了。

② 你有没有弟弟?

______。

③ 你有男朋友吗?

______。

④ ______?

我家有五口人。

2 다음 문장을 중국어로 크게 말해 보세요.

1 빈칸에 들어갈 단어를 쓰면서 이 과에 나온 회화 패턴을 익혀요.

你有没有 ＿＿＿ ？ 너는 (오빠)가 있니?

* 발음과 뜻을 읽으며 획순에 따라 단어를 써 보세요.

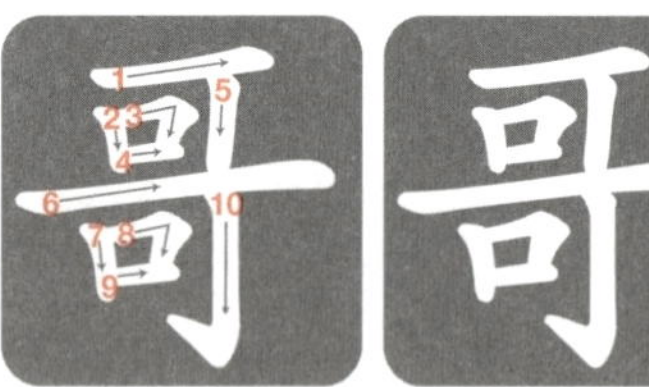

哥哥 哥哥 哥哥 哥哥

gēge 형, 오빠

弟弟 弟弟 弟弟 弟弟

dìdi 남동생

男朋友 男朋友

nán péngyou 남자 친구

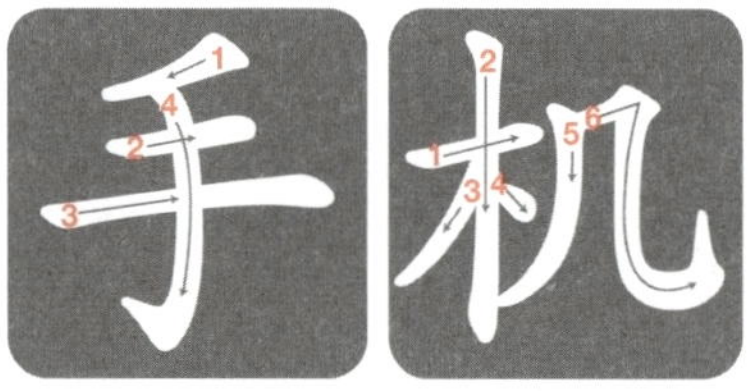

手机 手机 手机 手机

shǒujī 휴대폰

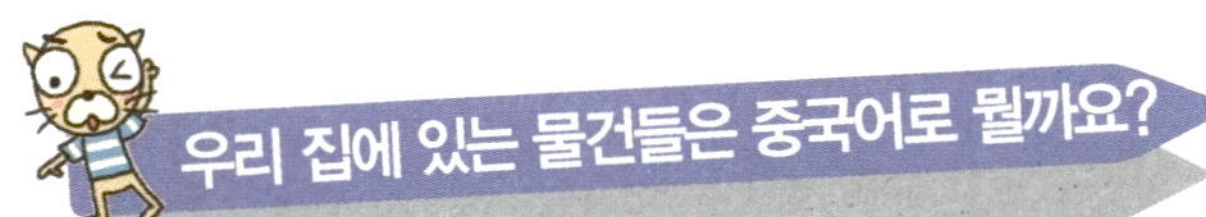

 zhàoxiàngjī 照相机 카메라	 shǒujī 手机 휴대폰	 zìxíngchē 自行车 자전거
 yóuxìjī 游戏机 게임기	 gāngqín 钢琴 피아노	 wāwā 娃娃 인형
 diànshìjī 电视机 텔레비전	 diànhuà 电话 전화	 diànnǎo 电脑 컴퓨터

주사위를 던져 베이징 기차역에 놀러 가요!

베이징 기차역은?

중국의 수도인 베이징과 각 지방을 연결하는 기차가 출발하는 곳으로, 가장 많은 사람들이 이용한답니다. 추석이나, 설에는 엄청나게 많은 사람들이 기차를 타기 위해 몰려들지요.

北京火车站
Běijīng huǒchēzhàn

게임 방법

1. 주사위를 던져 나온 숫자만큼 움직여, 목적지에 먼저 도착하는 쪽이 이기는 게임입니다.
2. −1, −2라고 표시된 지점에서는 각각 뒤로 한 칸, 두 칸 이동합니다.
3. 사과 자리에서는 해당 번호의 문제를 풀어야 세 칸 앞으로 이동할 수 있습니다.

사과 1	1!	你有没有手机?	→ 큰 소리로 읽기
사과 2	2!	你给我介绍一个。	→ 뜻 쓰기
사과 3	3!	还没有。	→ 병음 쓰기
사과 4	4!	Nǐ jiā yǒu jǐ kǒu rén?	→ 한자 쓰기
사과 5	5!	너는 게임기가 있니?	→ 중국어로 말하기

Go !!
1!
−1
2!
−2
3!
−1
4!
−2
5!
−1
베이징 기차역
Stop!!

Lesson 11

你看什么?

너 무엇을 보니?

Track-59

이번 과에서는요

여러 동작을 나타내는 동사와 목적어의 배열을 배웁니다. 한국어와 중국어 어순의 차이점에 유의해서 일반 동사의 쓰임을 살펴 보세요.

Beibei 외워 보자!

단어와 낱말

Track-60

kàn 看 보다

diànshì 电视 텔레비전

tīng 听 듣다

yīnyuè 音乐 음악

chī 吃 먹다

jiǎozi 饺子 교자만두

hē 喝 마시다

chá 茶 차

yìqǐ 一起 함께

ba 吧 권유를 나타내는 어기조사

cháng 尝 맛보다

qǐng 请 어떤 일을 부탁하거나 권할 때 쓰는 경어

새로 나온 문장을 챈트로 익혀 봐요

Track-61

'누가 무엇을 하다'는 한국어로 〈주어 + 목적어 + 동사〉의 어순이죠. 하지만 중국어는 〈주어 + 동사 + 목적어〉의 순서로 말합니다. 어순을 생각하며 반복해서 연습해 봅시다.

Wǒ 我	tīng 听	yīnyuè 音乐	。
	chī 吃	jiǎozi 饺子	
	hē 喝	chá 茶	

Track-62

1

Lāla 拉拉:	Nǐ kàn shénme? 你看什么?
Hāha 哈哈:	Wǒ kàn diànshì. 我看电视。

2

哈哈:	Nǐ tīng shénme? 你听什么?
拉拉:	Wǒ tīng yīnyuè. 我听音乐。
	Wǒmen yìqǐ tīng yīnyuè ba. 我们一起听音乐吧。

我们一起听音乐吧。에서 吧는 '~하자'라는 권유의 뜻을 나타냅니다.

3

拉拉: Nǐ chī shénme?
你吃什么?

哈哈: Wǒ chī jiǎozi.
我吃饺子。

Nǐ yě chángchang.
你也尝尝。

중국어에서 동사를 두 번 중복하면 가볍게 '~을 좀 해 보다'라는 뜻이 됩니다. 따라서 尝尝은 '좀 먹어 보다'라고 해석할 수 있습니다.

4

māma
妈妈: Nǐ hē shénme?
你喝什么?

拉拉: Wǒ hē chá.
我喝茶。

Qǐng hē chá.
请喝茶。

请은 '~해 주세요', '~하세요'라는 뜻입니다. 상대방에게 어떤 일을 부탁하거나 권유할 때 쓰는 겸손한 말로, 영어의 please와 비슷합니다.

1 녹음을 듣고 알맞게 연결하세요.

Track-63

① 喝茶

kàn diànshì

② 吃饺子

hē chá

③ 看电视

tīng yīnyuè

④ 听音乐

chī jiǎozi

2 녹음을 듣고 그림과 일치하면 O, 일치하지 않으면 X로 표시하세요.

①

②

1 다음 대화를 완성시켜 보세요.

① 你听什么? / ______。

② 你吃什么? / ______。

③ ______? / 我喝茶。

④ ______? / 我看电视。

2 다음 문장을 중국어로 크게 말해 보세요.

 빈칸에 들어갈 단어를 쓰면서 이 과에 나온 회화 패턴을 익혀요.

我 ______ 。 나는 (TV를 봅니다).

* 발음과 뜻을 읽으며 획순에 따라 단어를 써 보세요.

看电视 看电视

kàn diànshì TV를 보다

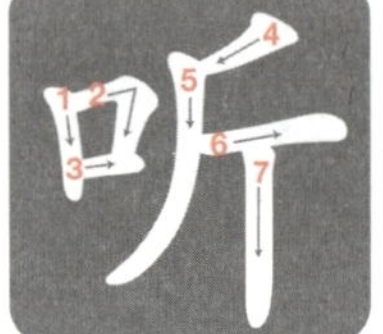
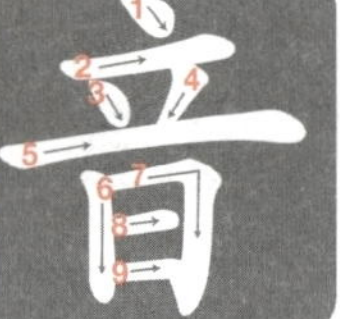

听音乐 听音乐

tīng yīnyuè 음악을 듣다

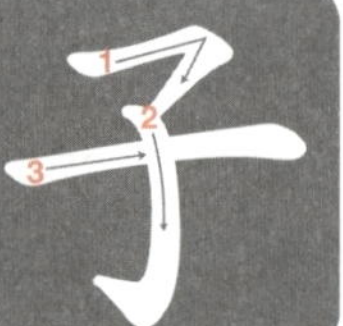

吃饺子 吃饺子

chī jiǎozi 만두를 먹다

喝茶 喝茶 喝茶 喝茶

hē chá 차를 마시다

맛있는 간식들은 중국어로 뭘까요?

 hànbǎobāo 汉堡包 햄버거	 bǐsàbǐng 比萨饼 피자	 zhájī 炸鸡 치킨
 dàngāo 蛋糕 케이크	 qiǎokèlì 巧克力 초콜릿	 niúnǎi 牛奶 우유
 kělè 可乐 콜라	 chéngzhī 橙汁 오렌지 주스	 bīngjīlíng 冰激凌 아이스크림

연필을 쓰러뜨려 인력거를 타러 가요!

인력거는?

자전거 뒤에 좌석을 만들어 사람을 태우고 페달을 밟아 움직이는 교통수단이에요. 예전에는 귀족들이 탔지만 지금은 관광객들을 위해 운행하고 있답니다.

人力车
rénlìchē

게임 방법

1. 그림판의 가운데에 연필을 거꾸로 세운 후 손을 놓습니다.
2. 연필이 쓰러진 칸에 쓰인 번호의 문제를 풉니다.
3. 먼저 모든 문제를 정확히 푸는 쪽이 이기는 게임입니다.

번호 1	我吃比萨饼。	➔ 큰 소리로 읽기
번호 2	你也尝尝。	➔ 뜻 쓰기
번호 3	我喝可乐。	➔ 병음 쓰기
번호 4	Qǐng hē chá.	➔ 한자 쓰기
번호 5	우리 함께 음악 듣자.	➔ 중국어로 말하기

1
3
2
4
5
꽝!!

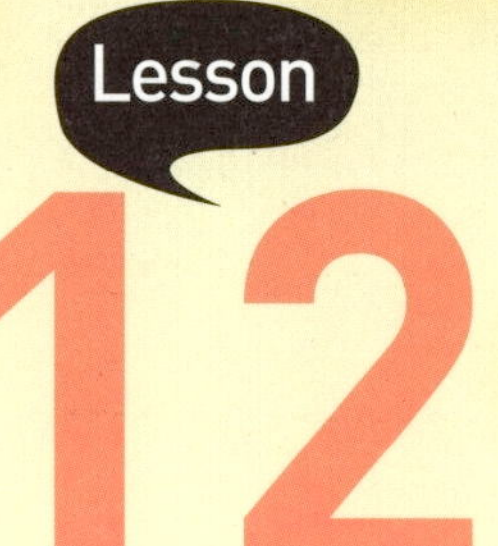

你喜欢什么？

넌 무엇을 좋아하니?

Track-64

이번 과에서는요

동사 喜欢을 사용해서 무엇을 좋아하는지 묻고 답합니다. 어떤 계절, 음식, 운동을 좋아하는지 말해 보세요.

단어와 낱말

Track-65

xǐhuan 喜欢 좋아하다
yùndòng 运动 운동
xiàtiān 夏天 여름
qiǎokèlì 巧克力 초콜릿
shuǐguǒ 水果 과일
jìjié 季节 계절
tài 太 아주, 매우
tián 甜 달다
jiànshēn 健身 헬스
pǎobù 跑步 달리기
yóuyǒng 游泳 수영
zuì 最 가장, 제일
píngguǒ 苹果 사과

새로 나온 문장을 챈트로 익혀 봐요

Track-66

喜欢은 목적어로 뒤에 명사가 올 수도 있고 동사가 올 수도 있습니다. 즉 '~을 좋아한다'라고 말할 수도 있고, '~하는 것을 좋아한다'라고 말할 수도 있는 거죠.

Wǒ xǐhuan
我喜欢

xiàtiān 夏天
qiǎokèlì 巧克力
chī shuǐguǒ 吃水果

。

Track-67

1

Měimei

美美: Nǐ xǐhuan shénme jìjié?
你喜欢什么季节?

Dōngdong

东东: Wǒ xǐhuan xiàtiān.
我喜欢夏天。

사계절 중에서 나머지 계절은 중국어로 무엇인지 알아 볼까요?
봄 chūntiān 春天 가을 qiūtiān 秋天 겨울 dōngtiān 冬天

2

美美: Nǐ xǐhuan qiǎokèlì ma?
你喜欢巧克力吗?

东东: Bú tài xǐhuan.
不太喜欢。

Qiǎokèlì tài tián le.
巧克力太甜了。

초콜릿이 너무 달아서 싫다고 했죠? '너무 ~하다'라는 표현은 太…了의 문형을 사용합니다.

3

美美: Nǐ xǐhuan zuò shénme yùndòng?
你喜欢做什么运动?

东东: Jiànshēn、pǎobù、yóuyǒng,
健身、 跑步、游泳,

wǒ dōu xǐhuan.
我都喜欢。

운동 이름을 나열한 것처럼 여러 명사를 나열할 때 쓰는 문장 부호는 dùnhào 顿号(、)입니다.

4

美美: Nǐ zuì xǐhuan chī shénme shuǐguǒ?
你最喜欢吃什么水果?

东东: Wǒ zuì xǐhuan chī píngguǒ.
我最喜欢吃苹果。

'나는 사과를 좋아해.'라는 표현은 我喜欢苹果。라고 할 수도 있습니다.

1 녹음을 듣고 알맞게 연결하세요. Track-68

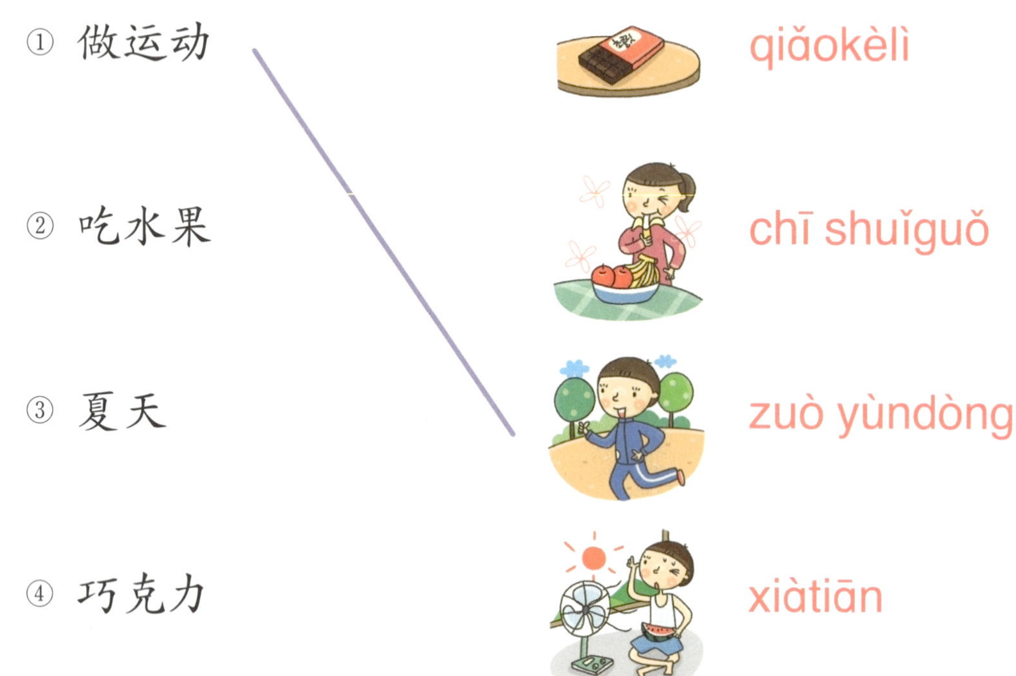

2 녹음을 듣고 그림과 일치하면 O, 일치하지 않으면 X로 표시하세요.

1 다음 대화를 완성시켜 보세요.

①

②

③

④

2 다음 문장을 중국어로 크게 말해 보세요.

어떤 운동을 좋아하니?

헬스, 달리기, 수영 모두 좋아해.

나는 과일 먹는 걸 좋아해.

초콜릿은 너무 달아.

1 빈칸에 들어갈 단어를 쓰면서 이 과에 나온 회화 패턴을 익혀요.

我喜欢 ______ 。 나는 (여름)을 좋아해요.

* 발음과 뜻을 읽으며 획순에 따라 단어를 써 보세요.

夏天 夏天 夏天 夏天

xiàtiān 여름

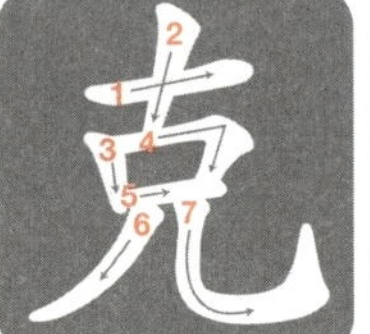

巧克力 巧克力

qiǎokèlì 초콜릿

做运动 做运动

zuò yùndòng 운동을 하다

吃

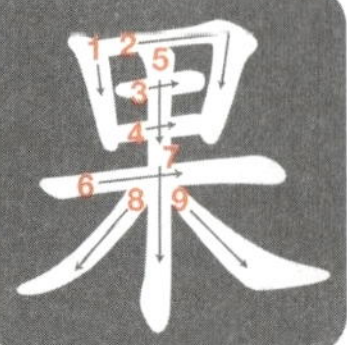

吃水果 吃水果

chī shuǐguǒ 과일을 먹다

내가 좋아하는 운동은 중국어로 뭘까요?

 lánqiú 篮球 농구	 zúqiú 足球 축구	 bàngqiú 棒球 야구
 quánjī 拳击 권투	 yóuyǒng 游泳 수영	 pǎobù 跑步 달리기
 wǎngqiú 网球 테니스	 huáxuě 滑雪 스키	 huábīng 滑冰 스케이팅

5개의 카드를 갖고 천단 공원을 찾아가요!

천단 공원은?

베이징에 있는 사적으로, 옛날에 중국 왕이 풍년을 기원하는 제사를 지내던 제단이 있는 공원이에요. 지금은 유명한 관광지가 되었답니다.

天坛公园
Tiāntán gōngyuán

게임 방법

1. 목적지까지 길을 찾아갑니다.
2. 길 중간에 떨어진 카드 번호에 해당하는 문제를 풀면 카드를 가질 수 있습니다.
3. 문제를 풀어 5개의 카드를 모두 모아야 목적지에 도착할 수 있습니다.

카드 1		我喜欢游泳。	→ 큰 소리로 읽기
카드 2		你喜欢做什么运动?	→ 뜻 쓰기
카드 3		我喜欢夏天。	→ 병음 쓰기
카드 4		Bú tài xǐhuan.	→ 한자 쓰기
카드 5		너는 축구를 좋아하니?	→ 중국어로 말하기

START
1
BUS
2
3
4
5
FINISH

정답과 녹음

해석

단어 색인

정답과 녹음

Lesson 01

들어 보자

1. ① nǐ
② nín
③ lǎoshī
④ nǐmen

你

你们

您

老师

녹음 ① nǐ ② nín ③ lǎoshī ④ nǐmen

2. ① × ② ○
녹음 ① 老师好！ ② 你们好！

말해 보자

1. ① 你们好！ ② 爷爷，您好！
③ 老师好！ ④ 你好！
2. ① 你好！ ② 你们好！
③ 老师好！ ④ 爷爷，您好！

놀아 보자

2. 할아버지 안녕하세요.
3. Nǐ hǎo!
4. 你们好!
5. 七

Lesson 02

들어 보자

1. ① hěn
② bù
③ bú tài
④ fēicháng

不

很

非常

不太

녹음 ① hěn ② bù ③ bú tài ④ fēicháng

2. ① ○ ② ×
녹음 ① 你好吗? / 我不好，生病了。
② 你好吗? / 我不太好。

말해 보자

1. ① 我不好，我生病了。 ② 我非常好。
③ 你好吗? ④ 我不太好。
2. ① 你好吗? ② 我很好，谢谢。
③ 我非常好。 ④ 我不太好。

놀아 보자

2. 그녀는 병이 났다.
3. Wǒ hěn hǎo, xièxie!
4. 我非常好。
5. 他们不太好。

Lesson 03

들어 보자

1. ① míngzi

叫

② jiào

贵姓

③ xìng

名字

④ guìxìng

姓

녹음 ① míngzi ② jiào ③ xìng ④ guìxìng

2. ① ○ ② ×

녹음 ① 您贵姓? / 我姓王。

② 认识你很高兴！ / 认识你我也很高兴。

말해 보자

1. ① 我叫哈哈。 ② 我叫拉拉。
   ③ 你姓什么? ④ 您贵姓?
2. ① 你叫什么(名字)? ② 我叫美美。
   ③ 我姓金。 ④ 认识你很高兴。

놀아 보자

3. Nǐ xìng shénme?
4. 您贵姓?
5. 认识你很高兴。

Lesson 04

들어 보자

1. ① jǐ suì

几岁

② shǔ

属

③ duōdà

年纪

④ niánjí

多大

녹음 ① jǐ suì ② shǔ ③ duōdà ④ niánjí

2. ① × ② ×

녹음 ① 你几岁? / 我五岁。 ② 你几年级? / 我五年级。

말해 보자

1. ① 我十岁。 ② 你几年级?
   ③ 我属牛。 ④ 小朋友，你几岁?
2. ① 你多大? ② 我十二岁。
   ③ 你属什么? ④ 我属牛。

놀아 보자

2. 꼬마야, 너 몇 살이니?
3. Nǐ jǐ niánjí?
4. 我十三岁。
5. 我属虎。

Lesson 05

들어 보자

1. ① lèi
② è
③ kě
④ máng

饿

忙

累

渴

녹음 ① lèi ② è ③ kě ④ máng

2. ① ○ ② ×

녹음 ① 你累不累? / 我很累。 ② 你饿不饿? / 我很饿。

말해 보자

1. ① 我很忙。 ② 你渴不渴?
③ 我很饿。 ④ 你累不累?

2. ① 我很饿，你呢? ② 我也很饿。
③ 你累不累? (=你累吗?) ④ 我非常累。

놀아 보자

2. 나는 배고픈데, 너는?
3. Nǐ kě bu kě?
4. 我不忙。
5. 我也很忙。

Lesson 06

들어 보자

1. ① lǎoshī
② dàifu
③ jǐngchá
④ xuésheng

警察

学生

老师

大夫

녹음 ① lǎoshī ② dàifu ③ jǐngchá ④ xuésheng

2. ① × ② ○

녹음 ① 她是老师吗? / 是，她是老师。
② 你姐姐做什么工作? / 我姐姐是警察。

말해 보자

1. ① 不，我爸爸不是警察，是大夫。
② 你们是学生吗?
③ 我爸爸是警察。
④ 我是老师。

2. ① 他是学生。
② 他是老师吗?
③ 我爸爸是老师。
④ 我爸爸不是大夫，是警察。

놀아 보자

2. 우리 아빠는 화가가 아니라, 의사야.
3. Wǒ bàba shì dàifu.
4. 我们是学生。
5. 你爸爸做什么工作? (=你爸爸在哪儿工作?)

Lesson 07

듣어 보자

1. ① 拉拉 — Lāla

② 妹妹 — péngyou

③ 朋友 — mèimei

④ 同学 — tóngxué

녹음 ① Lāla ② mèimei ③ péngyou ④ tóngxué

2. ① ○ ② ×

녹음 ① 他是谁? / 他是我的朋友。
② 谁来了? / 我弟弟来了。

말해 보자

1. ① 他是哈哈。 ② 他们是谁?
③ 谁来了? ④ 她是我朋友拉拉。
2. ① 他是我朋友。 ② 她是我朋友美美。
③ 你是谁? ④ 谁来了?

놀아 보자

2. 그녀는 우리 반 친구(급우)야.
3. Shéi lái le?
4. 我妹妹来了。
5. 他是我哥哥。

Lesson 08

듣어 보자

1. ① 书 — cídiǎn

② 铅笔 — shū

③ 词典 — qiānbǐ

④ 电脑 — diànnǎo

녹음 ① shū ② qiānbǐ ③ cídiǎn ④ diànnǎo

2. ① × ② ○

녹음 ① 那是什么? / 那是电脑。
② 这是什么词典? / 这是汉语词典。

말해 보자

1. ① 这是书。 ② 那是什么?
③ 这是什么词典? ④ 那是我的(电脑)。
2. ① 这是什么? ② 这是铅笔。
③ 这是谁的词典? ④ 这是我妹妹的词典。

놀아 보자

2. 이것은 무슨 사전이니?
3. Nà shì qiānbǐ.
4. 那是书包。
5. 这是谁的电脑?

Lesson 09

들어 보자

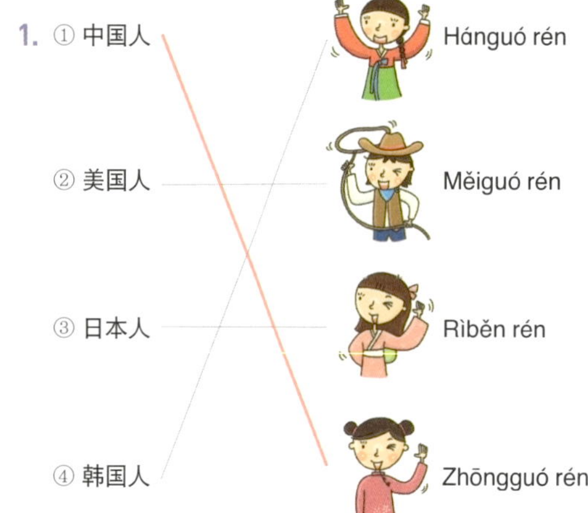

녹음 ① Zhōngguó rén ② Měiguó rén ③ Rìběn rén ④ Hánguó rén

2. ① × ② ○

녹음 ① 你是哪国人? / 我是美国人。

② 他是什么国籍? / 他是中国国籍。

말해 보자

1. ① 我是中国人。 ② 是，我是韩国人。
③ 我是日本国籍。 ④ 你是哪国人?

2. ① 她是韩国人吗?
② 她不是韩国人，她是中国人。
③ 他是哪国人?
④ 他是日本国籍。

놀아 보자

2. 그녀는 프랑스인이니?
3. Tā shì Měiguó rén.
4. 你是韩国人吗?
5. 我是韩国人。

Lesson 10

들어 보자

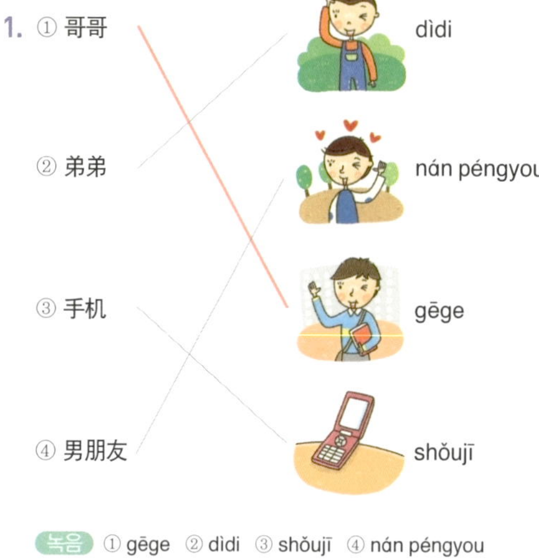

녹음 ① gēge ② dìdi ③ shǒujī ④ nán péngyou

2. ① ○ ② ○

녹음 ① 你家有几口人? / 我家有三口人。

② 你有没有手机。/ 我有手机。

말해 보자

1. ① 你有没有手机? (= 你有手机吗?)
② 我有一个弟弟。
③ 还没有。 给我介绍一个。
④ 你家有几口人?

2. ① 你有没有哥哥? (= 你有哥哥吗?)
② 我家有四口人。
③ 都有什么人?
④ 爸爸、妈妈、哥哥、姐姐和我。

놀아 보자

2. 나에게 한 명 소개시켜 줘.
3. Hái méiyǒu.
4. 你家有几口人?
5. 你有游戏机吗? (= 你有没有游戏机?)

Lesson 11

들어 보자

1. ① 喝茶

kàn diànshì

② 吃饺子

hē chá

③ 看电视

tīng yīnyuè

④ 听音乐

chī jiǎozi

녹음 ① hē chá ② chī jiǎozi ③ kàn diànshì
④ tīng yīnyuè

2. ① × ② ○

녹음 ① 他看什么? / 他看电视。
② 你喝什么? / 我喝茶。请喝茶！

말해 보자

1. ① 我听音乐。 ② 我吃饺子。
③ 你喝什么? ④ 你看什么?

2. ① 你喝什么? ② 你也尝尝。
③ 我们一起听音乐吧。 ④ 请喝茶。

놀아 보자

2. 너도 먹어 봐.
3. Wǒ hē kělè.
4. 请喝茶。
5. 我们一起听音乐吧。

Lesson 12

들어 보자

1. ① 做运动

qiǎokèlì

② 吃水果

chī shuǐguǒ

③ 夏天

zuò yùndòng

④ 巧克力

xiàtiān

녹음 ① zuò yùndòng ② chī shuǐguǒ ③ xiàtiān
④ qiǎokèlì

2. ① ○ ② ×

녹음 ① 你喜欢什么季节? / 我喜欢夏天。
② 你最喜欢什么水果? / 我最喜欢苹果。

말해 보자

1. ① 喜欢。 ② 我喜欢夏天。
③ 你喜欢巧克力吗? ④ 我最喜欢苹果。

2. ① 你喜欢做什么运动?
② 健身、跑步、游泳，我都喜欢。
③ 我喜欢吃水果。
④ 巧克力太甜了。

놀아 보자

2. 무슨 운동을 좋아하니?
3. Wǒ xǐhuan xiàtiān.
4. 不太喜欢。
5. 你喜欢足球吗?

해석

Lesson 01

핵심 문장

라라: 안녕?
하하: 안녕?

활용회화

① 선생님: 안녕?
하하: 선생님, 안녕하세요?
② 라라: 할아버지, 안녕하세요?
할아버지: 안녕?
③ 라라, 하하: 안녕하세요?
할머니: 너희도 안녕?
④ 라라: 하하, 안녕?
하하: 라라, 안녕?

Lesson 02

핵심 문장

라라: 잘 지내니?
하하: 나는 잘 지내.

활용회화

① 라라: 잘 지내니?
하하: 나는 잘 지내. 고마워.
② 라라: 잘 지내니?
하하: 아주 잘 지내.
③ 라라: 잘 지내니?
하하: 잘 지내지 못해. 병이 났어.
④ 라라: 잘 지내니?
하하: 별로 안 좋아.

Lesson 03

핵심 문장

미미: 넌 이름이 뭐니?
하하: 난 하하야.

활용회화

① 미미: 넌 이름이 뭐니?
하하: 난 하하야.
② 미미: 넌 이름이 뭐니?
라라: 난 라라야.
미미: 만나서 반가워.
③ 미미: 넌 성이 뭐니?
라라: 내 성은 王이야. 너는?
미미: 내 성은 金이야.
④ 하하: 성이 어떻게 되세요?
할머니: 张씨란다.

Lesson 04

핵심 문장

라라: 넌 몇 살이니?
미미: 나는 12살이야.

활용회화

① 라라: 꼬마야, 너는 몇 살이니?
꼬마: 네 살이에요.
② 라라: 너는 몇 살이니?
미미: 열두 살이야.
③ 하하: 너는 몇 학년이니?
미미: 5학년이야.
④ 하하: 넌 무슨 띠니?
미미: 소띠야.

Lesson 05

핵심 문장

하하: 바쁘니?
라라: 바쁘지 않아.

활용회화

① 하하: 바쁘니?
 라라: 바빠.
② 하하: 피곤하니?
 라라: 피곤하지 않아.
③ 하하: 배고프니?
 라라: 배고파. 너는?
 하하: 나는 배고프지 않아.
④ 하하: 목마르니?
 라라: 목말라. 너는?
 하하: 나도 목말라.

Lesson 06

핵심 문장

라라: 너는 학생이니?
하하: 나는 학생이야.

활용회화

① 라라: 그는 학생이야.
 하하: 그는 선생님이야.
② 아주머니: 너희들은 학생이니?
 라라: 네, 저희는 학생이에요.
③ 라라: 너희 아빠는 경찰이니?
 동동: 아니. 우리 아빠는 경찰이 아니라 의사셔.
④ 하하: 너희 아버지는 어떤 일을 하시니?
 동동: 우리 아빠는 의사셔.

Lesson 07

핵심 문장

미미 : 그녀는 누구니?
동동 : 그녀는 라라야.

활용회화

① 미미: 그는 누구니?
 동동: 그는 하하야.
② 동동: 그들은 누구니?
 미미: 그들은 우리 반 친구야.
③ 미미: 그녀는 누구니?
 동동: 그녀는 내 친구 라라야.
④ 미미: 누가 왔니?
 라라: 내 여동생이 왔어.

Lesson 08

핵심 문장

여동생: 이건 뭐야?
라라: 이건 책이야.

활용회화

① 여동생: 이건 뭐야?
 라라: 이건 책이야.
② 여동생: 이건 무슨 사전이야?
 하하: 이건 중국어 사전이야.
③ 여동생: 저건 뭐야?
 라라: 저건 연필이야.
④ 여동생: 저건 누구의 컴퓨터야?
 하하: 저건 내 거야.

Lesson 09

핵심 문장

미미: 넌 어느 나라 사람이니?
하하: 난 한국인이야.

활용회화

① 미미: 너는 한국인이니?
하하: 응, 나는 한국인이야.
② 미미: 그녀는 어느 나라 사람이니?
하하: 그녀는 중국인이야.
③ 미미: 그는 어느 나라 사람이니?
하하: 그는 미국인이야. 그는 워싱턴에서 왔어.
④ 미미: 너는 어느 나라 국적이니?
일본인: 나는 일본 국적이야.

Lesson 10

핵심 문장

미미: 남동생이 있니?
하하: 남동생이 한 명 있어.

활용회화

① 하하: 너희 집은 몇 식구니?
미미: 우리 집은 다섯 식구야.
② 하하: 모두 누가 있니?
미미: 아빠, 엄마, 오빠, 언니, 그리고 나.
③ 라라: 너는 남자 친구가 있니?
미미: 아직 없어. 나한테 한 명 소개시켜 줘!
④ 하하: 휴대폰 있니?
동동: 휴대폰 없어. 어제 잃어버렸어.

Lesson 11

핵심 문장

라라: 뭘 보니?
하하: TV 봐.

활용회화

① 라라: 뭘 보니?
하하: TV 봐.
② 라라: 뭘 듣니?
하하: 음악 들어. 우리 함께 음악 듣자.
③ 라라: 뭐 먹니?
하하: 만두 먹어. 너도 좀 먹어 봐.
④ 엄마: 뭐 마시니?
라라: 차 마셔요. 차 좀 드세요.

Lesson 12

핵심 문장

미미: 넌 뭘 좋아하니?
동동: 난 운동을 좋아해.

활용회화

① 미미: 너는 어느 계절을 좋아하니?
동동: 나는 여름을 좋아해.
② 미미: 너는 초콜릿을 좋아하니?
동동: 별로 좋아하지 않아. 초콜릿은 너무 달아.
③ 미미: 무슨 운동을 좋아하니?
동동: 헬스, 달리기, 수영을 모두 좋아해.
④ 미미: 네가 제일 좋아하는 과일은 뭐니?
동동: 나는 사과를 제일 좋아해.

단어 색인

B

bā 八 8 1과 39
bàba 爸爸 아빠 6과 83
ba 吧 권유를 나타내는 어기조사 11과 133
bàngqiú 棒球 야구 12과 149
bǐjìběn 笔记本 노트 8과 109
bǐsàbǐng 比萨饼 피자 11과 139
bīngjīlíng 冰激凌 아이스크림 11과 139
bù 不 ~하지 않다 2과 43
bú tài 不太 그다지 ~하지 않다 2과 43

C

chá 茶 차 11과 133
cháng 尝 맛보다 11과 133
chéngzhī 橙汁 오렌지 주스 11과 139
chī 吃 먹다 11과 133
chǐzi 尺子 자 8과 109
chúshī 厨师 요리사 6과 89
cídiǎn 词典 사전 8과 103
cóng 从 ~로부터 9과 113

D

dàifu 大夫 의사 6과 83
dàngāo 蛋糕 케이크 11과 139
Déguó 德国 독일 9과 119
de 的 ~의 7과 93
dìdi 弟弟 남동생 10과 123
diànhuà 电话 전화 10과 129
diànnǎo 电脑 컴퓨터 8, 10과 103
diànshì 电视 텔레비전 11과 133
diànshìjī 电视机 텔레비전 10과 129
diū 丢 잃어버리다 10과 123
Dōngdong 东东 동동(인명) 3과 59
dōu 都 모두 10과 123
duōdà 多大 (나이가) 얼마인가 4과 63

E

è 饿 배고프다 5과 73
èr 二 2 1과 39

F

Fǎguó 法国 프랑스 9과 119
fēicháng 非常 대단히, 심히 2과 43
Fēizhōu 非洲 아프리카 9과 119

G

gāngqín 钢琴 피아노 10과 129
gāoxìng 高兴 기쁘다, 즐겁다 3과 53
gēge 哥哥 오빠, 형 10과 123
ge 个 개(물건을 셀 때 쓰는 양사) 10과 123
gěi 给 ~에게 10과 123
gōngzuò 工作 일, 직업 6과 83
gǒu 狗 개 4과 69
guìxìng 贵姓 (경어) 성씨 3과 53
guó 国 나라 9과 113
guójí 国籍 국적 9과 113

H

Hāha 哈哈 하하(인명) 1과 33
hái 还 아직 10과 123
Hánguó 韩国 한국 9과 113
hànbǎobāo 汉堡包 햄버거 11과 139
Hànyǔ 汉语 중국어 8과 103
hǎo 好 좋다, 안녕하다 1과 33
hē 喝 마시다 11과 133
hé 和 ~과(와) 10과 123
hěn 很 아주, 매우 2과 43
hóu 猴 원숭이 4과 69
hǔ 虎 호랑이 4과 69
huábīng 滑冰 스케이팅 12과 149
Huáshèngdùn 华盛顿 워싱턴(지명) 9과 113
huáxuě 滑雪 스키 12과 149
huàjiā 画家 화가 6과 89

J

jī 鸡 닭 4과 69
jǐ 几 몇 4과 63
jìjié 季节 계절 12과 143
jiā 家 가정, 집 10과 123
jiànshēn 健身 헬스 12과 143
jiǎozi 饺子 교자만두 11과 133
jiào 叫 (이름을) ~라고 부르다 3과 53
jiějie 姐姐 언니, 누나 10과 123
jièshào 介绍 소개하다 10과 123
Jīn 金 김(성씨) 3과 53
Jīn Xǐshàn 金喜善 김희선(인명) 3과 59
jǐngchá 警察 경찰 6과 83
jiǔ 九 9 1과 39

K

kàn 看 보다 11과 133
kě 渴 목마르다 5과 73
kělè 可乐 콜라 11과 139
kǒu 口 식구(가족을 셀 때 쓰는 양사) 10과 123

L

Lāla 拉拉 라라(인명) 1과 33
lái 来 오다 7과 93
lánqiú 篮球 농구 12과 149
lǎoshī 老师 선생님 1과 33
le 了 완료를 나타내는 어기조사 2과 43
lèi 累 피곤하다 5과 73
lěng 冷 춥다 5과 79
líng 零 0 1과 39
liù 六 6 1과 39
lóng 龙 용 4과 69
lǜshī 律师 변호사 6과 89

M

māma 妈妈 엄마 10과 123
mǎ 马 말 4과 69
ma 吗 ~입니까? 2과 43
máng 忙 바쁘다 5과 73
méiyǒu 没有 없다 10과 123
Měiguó 美国 미국 9과 113
Měimei 美美 미미(인명) 3과 59
mèimei 妹妹 여동생 7과 93
míngzi 名字 이름 3과 53

N

nǎ 哪 어디 9 과 113
nà 那 그, 저, 그것, 저것 8 과 103
nǎinai 奶奶 할머니 1 과 33
nán 难 어렵다 5 과 79
nán péngyou 男朋友 남자 친구 10 과 123
ne 呢 ~는, ~은 3 과 53
nǐ 你 너 1 과 33
nǐmen 你们 너희들, 당신들 1 과 33
niánjí 年级 학년 4 과 63
nín 您 당신 1 과 33
niú 牛 소 4 과 63
niúnǎi 牛奶 우유 11 과 139

P

pà 怕 무섭다 5 과 79
pǎobù 跑步 달리기 12 과 143
péngyou 朋友 친구 7 과 93
píngguǒ 苹果 사과 12 과 143

Q

qī 七 7 1 과 39
qiānbǐ 铅笔 연필 8 과 103
qiǎokèlì 巧克力 초콜릿 11 과 139
qǐng 请 어떤 일을 부탁하거나 권할 때 쓰는 경어 11 과 133
quánjī 拳击 권투 12 과 149
Quán Zhìxián 全智贤 전지현(인명) 3 과 59

R

rè 热 덥다 5 과 79
rén 人 사람 9 과 113
rènshi 认识 알다, 인식하다 3 과 53
Rìběn 日本 일본 9 과 113

S

sān 三 3 1 과 39
shēngbìng 生病 병이 나다 2 과 43
shé 蛇 뱀 4 과 69
shèjìshī 设计师 디자이너 6 과 89
shéi 谁 누구 7 과 93
shénme 什么 무엇, 무슨 3 과 53
shí 十 10 1 과 39
shí'èr 十二 열둘, 12 4 과 63
shì 是 ~이다 6 과 83
shǒubiǎo 手表 손목시계 8 과 109
shǒujī 手机 휴대폰 10 과 123
shū 书 책 8 과 103
shūbāo 书包 가방 8 과 109
shǔ 属 띠 4 과 63
shǔ 鼠 쥐 4 과 69
shuǐguǒ 水果 과일 12 과 143
sì 四 4 1 과 39
suì 岁 세, 살 4 과 63

T

tā 他 그(남자를 가리킴) 2 과 49
tāmen 他们 그들(남자, 남자+여자) 2 과 49
tā 她 그녀 2 과 49
tāmen 她们 그녀들 2 과 49

tā 它 그것(동물, 사물) 2 과 49
tāmen 它们 그것들(동물, 사물) 2 과 49
tài 太 아주, 매우 12 과 143
téng 疼 아프다 5 과 79
tián 甜 달다 12 과 143
tīng 听 듣다 11 과 133
tóngxué 同学 급우 7 과 93
tù 兔 토끼 4 과 69

W

wāwā 娃娃 인형 10 과 129
Wáng 王 왕(성씨) 3 과 53
wǎngqiú 网球 테니스 12 과 149
wǒ 我 나, 저 2 과 43
wǒmen 我们 우리 2 과 49
wǔ 五 5 1 과 39

X

xiàtiān 夏天 여름 12 과 143
xiàngpí 橡皮 지우개 8 과 109
xiǎo péngyou 小朋友 꼬마, 어린아이 4 과 63
xièxie 谢谢 감사합니다, 고맙습니다 2 과 43
xǐhuan 喜欢 좋아하다 12 과 143
xìng 姓 성씨 3 과 53
xuésheng 学生 학생 6 과 83

Y

yǎnyuán 演员 연예인 6 과 89
yáng 羊 양 4 과 69
yéye 爷爷 할아버지 1 과 33
yě 也 ~도, 역시 5 과 73
yī 一 1 1 과 39
yìbǎi 一百 100 1 과 39
yìqǐ 一起 함께 11 과 133
yīnyuè 音乐 음악 11 과 133
Yīngguó 英国 영국 9 과 119
Yìndù 印度 인도 9 과 119
yóuxìjī 游戏机 게임기 10 과 129
yóuyǒng 游泳 수영 12 과 143
yǒu 有 있다 10 과 123
Yuán Bīn 元彬 원빈(인명) 3 과 59
yuánzhūbǐ 圆珠笔 볼펜 8 과 109
yùndòng 运动 운동 12 과 143

Z

zhájī 炸鸡 치킨 11 과 139
Zhāng 张 장(성씨) 3 과 53
Zhāng Dōngjiàn 张东健 장동건(인명) 3 과 59
zhàoxiàngjī 照相机 카메라 10 과 129
Zhè 这 이, 이것 8 과 103
Zhōngguó 中国 중국 9 과 113
zhū 猪 돼지 4 과 69
zìxíngchē 自行车 자전거 10 과 129
zúqiú 足球 축구 12 과 149
zuì 最 가장, 제일 12 과 143
zuótiān 昨天 어제 10 과 123
zuò 做 ~을 하다 6 과 83
zuòjiā 作家 작가 6 과 89

여러 가지 과일

shìzi
柿子
감

júzi
橘子
귤

chéngzi
橙子
오렌지

xiāngjiāo
香蕉
바나나

xiāngguā
香瓜
참외

cǎoméi
草莓
딸기

píngguǒ
苹果
사과

lízi
梨子
배

fènglí
凤梨
파인애플

xīguā
西瓜
수박

táozi
桃子
복숭아

pútáo
葡萄
포도

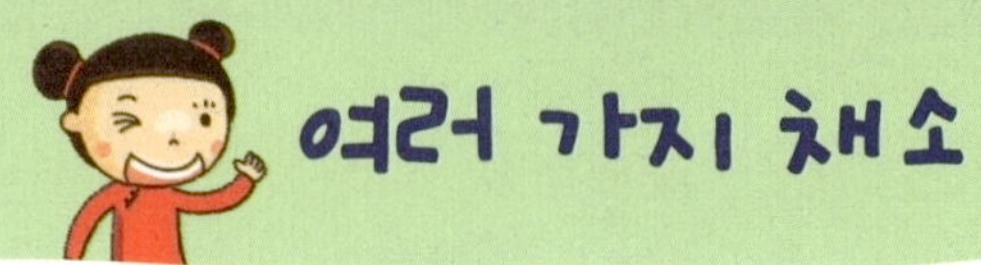

여러 가지 채소

báicài
白菜
배추

luóbo
萝卜
무

xīhóngshì
西红柿
토마토

húluóbo
胡萝卜
당근

huángguā
黄瓜
오이

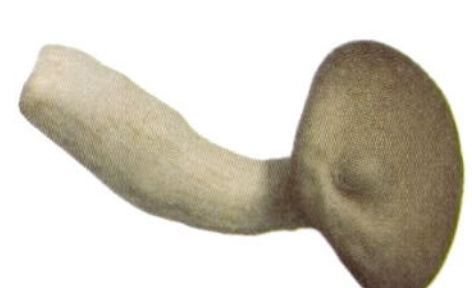

mógu
蘑菇
버섯

tǔdòu
土豆
감자

hóngshǔ
红薯
고구마

nánguā
南瓜
호박

dàsuàn
大蒜
마늘

yángcōng
洋葱
양파

cōng
葱
파

b

p

m

f

d

t

n

bàba

爸爸

아빠

★ 발음 카드는 이렇게 활용해 보세요 ★

- 성모, 운모를 단어 그림과 함께 익혀 봐요.
- 카드를 섞어 놓고 성모 카드와 운모 카드를 찾아봐요.
- 성모 카드와 운모 카드를 조합하면서 여러 가지 발음을 연습해요.

māma

妈妈

엄마

pǎo

跑

달리다

dà

大

크다

fàn

饭

밥

nǐ

你

너

tóu

头

머리

l

g

k

h

j

q

x

z

gēge

哥哥

오빠, 형

lěng

冷

춥다

hē

喝

마시다

kě

渴

목마르다

qī

七

7, 일곱

jī

鸡

닭

zuò

坐

앉다

xiào

笑

웃다

c

s

zh

ch

sh

r

a

o

sān
三
3, 셋

cài
菜
음식

chī
吃
먹다

zhǐ
纸
종이

rén
人
사람

shū
书
책
Good Friend!

wǒ
我
나

mǎ
马
말

e

i

u

ü

ai

ei

ao

ou

yī

一

1, 하나

è

饿

배고프다

yú

鱼

물고기

wǔ

五

5, 다섯

lèi

累

피곤하다

ài

爱

사랑하다

gǒu

狗

개

bāo

包

가방

an

en

ia

ua

uo

ie

üe

ang

mén

门

문

nán

难

어렵다

huār

花儿

꽃

jiā

家

집

xiě

写

쓰다

huǒ

火

불

máng

忙

바쁘다

xuě

雪

눈

eng

ong

ing

iao

iou

ian

in

uai

zhòng

种

심다

téng

疼

아프다

piào

票

표, 티켓

tīng

听

듣다

tiān

天

하늘

niú

牛

소

kuài

快

빠르다

xìn

信

편지

uei

uan

üan

uen

ün

iang

uang

iong

chuán

船

배

guì

贵

비싸다

chūn

春

봄

xuǎn

选

선택하다

jiāng

江

강

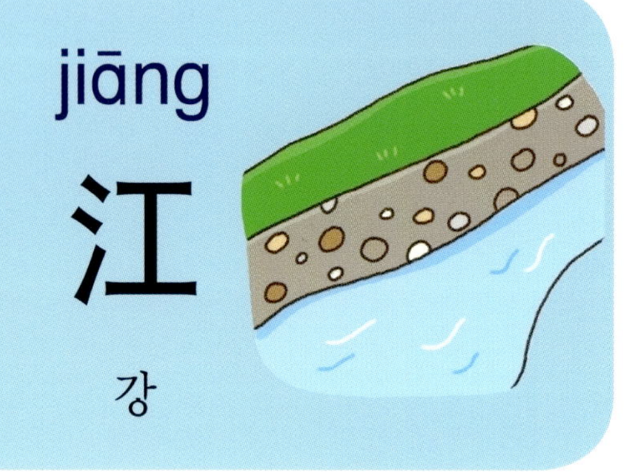

jūn

军

군대

qióng

穷

가난하다

chuāng

窗

창문

ueng

er

ā

á

ǎ

à

★ 발음 카드는 이렇게 활용해 보세요 ★

- 성모, 운모를 단어 그림과 함께 익혀 봐요.
- 카드를 섞어 놓고 성모 카드와 운모 카드를 찾아봐요.
- 성모 카드와 운모 카드를 조합하면서 여러 가지 발음을 연습해요.

èr

二

2, 둘

wēng

翁

노인

동양문고

www.dongyangbooks.com

동양북스 채널에서 더 많은 도서 더 많은 이야기를 만나보세요!

외국어 출판 45년의 신뢰
외국어 전문 출판 그룹
동양북스가 만드는 책은 다릅니다.

45년의 쉼 없는 노력과 도전으로 책 만들기에 최선을 다해온
동양북스는 오늘도 미래의 가치에 투자하고 있습니다.
대한민국의 내일을 생각하는 도전 정신과 믿음으로 최선을 다하겠습니다.

동양북스